나카노 교코의 서양기담

무섭고도 매혹적인 21가지 기묘한 이야기

나카노 교코의 서양기담

무섭고도 매혹적인
21가지 기묘한 이야기

나카노 교코 지음 ◦ 황혜연 옮김

bs

브레인스토어

다 케 에 게

차례

제1화 하멜른의 피리 부는 사나이

 '알록달록 사나이'에게 이끌려
자취를 감춘 아이들

　독일에는 동화와 전설에 등장하는 마을을 연결하는 대표적
관광 루트 메르헨 가도Marchenstrasse가 있다. 그림 형제가 태어
난 중부도시 하나우Hanau에서 출발하여 북쪽으로 올라가 음
악대로 유명한 브레멘Bremen에 이르기까지 그 길이는 약 600
킬로미터에 달한다. 그리고 메르헨 가도의 3분의 2쯤 되는
곳에 인구 5만 6천 명 규모의 도시 하멜른Hameln이 있다. 이
작은 옛 도시에 5월부터 9월 사이 일요일마다 세계 각지에서
수많은 관광객이 찾아오는데, 그 이유는 시민들이 손수 만드
는 야외 공연을 관람하기 위해서다. 야외 공연은《그림 형제

8

동화집》으로 유명한 그림 형제의 또 다른 저서《독일전설》 중에서 〈하멜른의 피리 부는 사나이〉를 극화한 30분 정도의 짧고 소박한 무대다.

그림 형제가 전하는 이야기의 줄거리는 이러하다.

1284년 쥐떼의 창궐로 골머리를 앓던 하멜른에 기묘한 '알록달록 사나이'가 찾아왔다. 이 별명은 다양한 색 천을 이어 꿰맨 윗옷을 걸친 사내의 모습에서 왔는데, 그 자신은 스스로 쥐잡이라고 칭했다. 사나이는 쥐를 퇴치하는 대신에 보수를 받기로 시민들과 약속한 다음, 곧바로 피리를 불어서 그 소리에 이끌려 모인 쥐들을 베저Weser강으로 데려가 물에 빠뜨렸다. 하지만 시민들은 약속한 보수를 주기는커녕 사나이를 마을에서 쫓아냈다. 성 요한과 성 바오로의 축일이자 하지제 날인 6월 26일, 사나이는 옷을 바꿔 입고 돌아와 골목에서 피리를 불었다. 그러자 네 살 넘은 아이들이 쥐떼처럼 몰려오더니 사나이 뒤를 따라 성문을 지나서 산 방향으로 모습을 감추었는데(그중에는 시장의 장성한 딸도 있었다) 어린아이를 돌보던 소녀 보모 만이 마을로 돌아와서 이 사실을 알렸다(또 다른 이야기에서는 눈먼 아이와 귀먹은 아이가 돌아왔다고도 전해진다). 행방불명이 된 아이는 130명이었다. 수색대는 단서를 발견하지 못했고 부모는 비탄에 잠겼다. 이 사건은 시의 공문서에 기록되었다.✿

그림으로 그려진 〈하멜른의 피리 부는 사나이〉

하멜른의 시민에게는 약속을 어긴 선조들을 향한 복수의 이야기가 달가울 리 없다. 그런데도 이 이야기는 장장 7세기가 넘는 세월 동안 구전되어 왔을 뿐 아니라 지금까지도 연극의 형태로 이어지고 있다(심지어 아이들은 행방불명이 되는 역할을 맡거나 인형 탈을 쓰고 쥐로 분장한다). 그 이유는 기묘하고 섬뜩하고 애절한 전설 뒤에 겉으로 드러난 것 이상의 무언가가 숨어 있다고, 그러니 영원히 기억 속에 간직해야 한다고 믿었기 때문일 것이다.

앞서 쓴 대로 아이들의 실종은 당대의 공문서에 기록되었다. 그 후로 약 20~30년이 지난 14세기 초, 글을 읽지 못하는 대다수의 주민을 위해 하멜른의 마르크트 교회에 스테인드글라스가 제

〈하멜른의 피리 부는 사나이〉
작가 미상
마르크트 교회의
스테인드글라스를 모사

1Ø

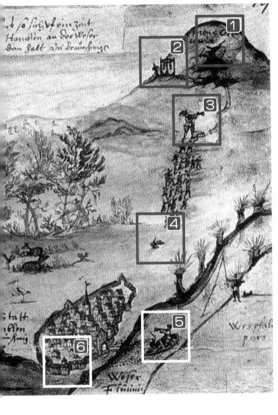

1 동굴이 있는 산
(코펜이라고
불리기도 한다)

2 교수대와
수레바퀴형 기구

3 아이들을 이끌고
피리를 불며
산으로 향하는
'알록달록 사나이'

4 늘어선 아이들 뒤로
두 명이 낙오되어
쓰러져 있다
이 아이들이
돌아와서 증언한다

5 사나이가 베저강에
배를 띄우고 피리를 불자
쥐떼가 성문으로 나와서
강에 빠진다

6 성벽에 둘러싸인 마을
성문이 여러 군데 있다

11

작되었다. 원본은 이미 사라지고 없지만 다행히 16세기 후반에 그림을 모사한 채색화가 남아 있다. 이것이 가장 오래된 〈하멜른의 피리 부는 사나이〉 그림이다.

그림을 자세히 살펴보자. 하나의 구도 안에 서로 다른 시점을 그려 넣는 이시동도법異時同圖法을 사용하였다.

우선 왼쪽에 커다랗게 그려진 사람이 바로 피리부는 사나이다. 나팔처럼 생긴 세로피리를 불고, 빨강, 노랑, 초록, 하양이 섞인 세로줄 무늬인 옷을 입고, 모자를 썼다. 신발은 중세 시대에 유행하던 앞코가 뾰족한 구두를 신었다. 그는 원래 떠돌이 악사 신분이다 보니 화려하고 독특한 차림이었다. 하지만 당시 사람들도 놀랐을 정도이니 분명 어딘가 보통 악사와는 달랐을 것이다. 오른쪽 아래에 흐르는 베저강 근처에 하멜른 마을이 있다. 높이 솟은 교회 탑이 눈에 들어온다. 성채 도시가 발전했던 중세 유럽답게 마을 주위를 성벽이 빙둘러싸고 있으며 여러 군데에 성문이 나 있다. 강 쪽 문에서 쥐떼가 나오고, 문 앞 조각배에서는 피리 부는 사나이가 피리를 분다. 숲을 표현한 그림 중앙의 나무 부근에는 늪이 보인다. 사슴이 세 마리 있는데 한 마리가 늪에 빠져서 가라앉고 있다. 이 일대가 생명에 위협적인 습지대라는 것을 암시한다. 숲 오른쪽으로 난 비탈길에서는 피리 부는 사나이가 아이들을 이끌고 올라가고 있다. 그들이 지나간 문이 소위 부정문不淨門이라는 것은 길 끝 산기슭에 보이는 교수대로 짐

12

작할 수 있다. 당시에는 죄인이 귀족이면 성벽 내 광장에서 공개 참수형에 처했고 평민이면 성 밖에서 교수형에 처하는 것이 관례였다. 그림에는 목을 매다는 처형대뿐 아니라 형이 집행된 죄인도 두 명이나 그려져 있다. 이처럼 본보기로 죄수를 방치하는 일도 흔했다. 그 옆에 있는 거대한 팽이처럼 생긴 것은 무엇일까? 실은 이것도 처형대로, 고문용을 겸한 수레바퀴형 기구다. 피터르 브뤼헐Pieter Brueghel의 그림에도 간혹 등장하기 때문에 익숙한 사람도 많을 것이다. 외적과 짐승으로부터 주민을 지키는 성벽, 기승을 부리는 쥐떼, 타지에서 온 낯선 사람, 습지의 공포, 깊은 어둠을 만드는 숲, 잔혹한 공개 처형……. 덤덤하게 그려낸 중세의 일상은 당시 사람들이 얼마나 죽음과 가까웠는지를 말해준다. 그런 그들에게조차 아이들의 갑작스러운 실종은 어마어마한 충격이었다. 왜일까?✻

 아이들의 실종이 일으킨 충격

13세기 말 독일의 작은 마을 하멜른에서 130명의 아이들이 홀연히 사라졌다…….

당시 마을의 크기로 미루어 130명이 얼마나 많은 수인지 후세의 우리에게도 어렴풋이 상상은 가지만, 근대 하멜른으로 치면 무려 2,000~2,500명에 해당하는 규모라는 연구 결과도 있다. 하멜른 마을의 인구 구성에 무서우리만치 커다란 구멍이 생긴 것이다. 게다가 전쟁이나 전염병 때문도 아니다. 실종 대상이 청년부터 노인까지 섞여 있었던 것도 아니고, 오랜 시간에 걸쳐 조금씩 사라진 것도 아니다. 마을의 활력소이자 미래의 일꾼인 아이들만이 단 한나절 사이 한꺼번에 사라져버린 것이다. 충격의 여파가 이웃 나라까지 휩쓸만도 하다.

또한 당연한 사실이지만 입에서 입으로 전해지는 과정에서 이야기는 부풀려지게 마련이다. 《독일전설》은 주로 16~17세기의 사료를 바탕으로 편찬되었는데, 아이들이 사라진 1284년에서 그때까지 서민에게 직접 영향을 끼친 역사적 사건으로는 14세기의 흑사병(유럽 인구 3분의 1에서 2분의 1이 사망했다고 추정되는 사상 최대 규모의 범유행)과 마녀사냥이 있다. 두 사건은 틀림없이 〈하멜른의 피리 부는 사나이〉 전승에도 영향을 미쳤을 것이다. 왜냐하면 옛 문헌 어디에도 《독일전설》 기록의 전 단계에 해당하는 쥐 퇴치 모티프가 등장하지 않기 때문이다. ✲

문헌이 말하는 〈하멜른의 피리 부는 사나이〉

우선 하멜른의 공문서는 동시대인이 기록하였으나 그다지 구체적인 편은 아니다. '앞으로는 아이들이 사라진 1284년을 기점으로 시의 연대기를 새긴다'는 정도에 그친다. 마치 예수의 탄생을 서기 1년으로 정하고 연도를 세듯이, 사건이 일어난 해를 기준 삼아 '올해는 우리 아이들이 사라진 지몇 년째'라는 식으로 해를 센다는 뜻이다. 실제로 16세기 후반에 신설된 성문에도 여전히 같은 방식으로 연도를 표기하였다.

이 문은 마법사가 130명의 아이들을 데려간 지 272년 후에
세워졌다.

또 앞서 언급한 마르크트 교회의 스테인드글라스에는 그림과 함께 비문도 있었다. 역시 현존하지는 않지만 그림과 마찬가지로 문장도 모사가 남아 있다. 간추려 쓰면 이런 내용이다.

성 요한과 성 바오로의 날(6월 26일)에 하멜른에서 태어난 130명이 인솔자에게 이끌려 동쪽으로 향했고 코펜(옛 독일어로 언덕, 작은 산이라는 뜻)으로 사라졌다.

좀 더 자세한 기록 중에서 가장 오래된 것은 15세기 중반 뤼네부르크의 필사본이다. 수도사로 추정되는 필자는 고문 서를 통해 이 사건을 접했다고 한다.

1284년 성 요한과 성 바오로의 날에 하멜른에서 불가사의한 일이 일어났다. 서른 살 정도로 보이는 남자가 다리를 건너서 베저문으로 들어왔다. 근사한 옷차림에 사람들은 모두 놀랐다. 특이한 모양의 은피리를 지녔는데, 남자가 피리를 불자 그 소 리를 들은 아이들이 모였다. 그리고 130명의 아이들은 남자 뒤를 쫓아서 동문을 지나 처형장 쪽으로 향하더니 그대로 모습 을 감췄다. 어머니들은 아이를 찾아 헤맸지만 어디로 사라졌는 지 그 누구도 알 수 없었다.

필사본의 이 기록이 이야기의 기본 틀인 것이다.
시민의 배신도 쥐떼의 횡포도 없다. 다만 낯선 남자가 와서 피리를 불더니 아이들과 함께 어딘가로 사라졌을 뿐이다. 하 지만 1284년이라는 연도와 130명이라는 수는 중세의 어느 문헌에나 동일하며, 이 구체적인 숫자가 주는 생생함은 사건 이 실제로 일어났음을 짐작하게 한다.❀

사건을 기담으로 만든 시대적 요소

이야기가 동화 같은 분위기를 띠게 된 것은 다양한 시대적 요소가 더해진 다음이다. 처음에는 모두가 놀랄 만큼 훌륭한 옷차림이었지만 피리의 비중이 높아지면서 떠돌이 악사 이미지가 덧붙여졌고, 신분이 낮고 군색한 사람의 옷이 값비쌀 리 없으니 색깔이 화려하여 이목을 끈 것으로 변형됐다(영어 제목인 Pied Piper는 '알록달록한 옷을 입은 피리 연주자'라는 뜻이다).

피리 특유의 마법 같은 음색은 유혹의 상징으로 연결된다. 마법사라는 표현을 비문에 사용했던 성문 건설 당시는 그야말로 마녀사냥의 전성기였다. 그러니 피리 부는 사나이를 마녀의 친구로 여긴 것이다. 또한 쥐는 흑사병과 밀접한 연관이 있다. 흑사병은 원래 쥐가 앓는 병인데, 쥐의 피를 빨아먹은 벼룩이 인간을 무는 바람에 인간에게도 감염되었다. 물론 당시에는 그런 과학적 지식은 없었지만 쥐의 창궐과 흑사병 유행이 동시에 일어났기 때문에 사람들은 둘 사이의 인과관계에 대해 의심을 품었다(쥐가 증식한 이유는 밭을 늘릴 명목으로 성 밖 삼림을 벌채하여 개간한 탓에 쥐의 천적인 족제비와 맹금류, 뱀의 개체 수가 감소했기 때문이다). 실제로 쥐 사냥을 업으로 삼은 사람도 있었다. 이러한 시대적 배경이 단순한 사건을 하나의 기담으로 만들어갔다.

Brüder Grimm   Der Rattenfänger von Hameln   O. Herrfurth pinx

〈하멜른의 피리 부는 사나이〉
오스카 헤르푸르트Oskar Herrfurth의 삽화, 1910
거리를 가득 메운 쥐떼가 보는 이에게 공포를 선사한다.

전승의 진실은

　누구에게나 익숙한 〈하멜른의 피리 부는 사나이〉에서 동화의 껍질을 벗겨내면 지극히 단순하지만 충격적인 진실의 나열만이 남는다. 1284년 6월 26일, 하멜른에 멋지게 차려입은 남자가 나타나서 피리 소리로 130명의 아이들을 모으더니 성문밖으로 데려가서는 사라진다. 그 후 행방이 묘연하다. 남자는 누구였을까, 아이들은 왜 그에게 이끌렸을까, 어디로 데려간 걸까, 아이들은 살았을까 죽었을까…….

　오랜 시간 동안 세계 각국의 연구자들이 수수께끼를 풀기 위하여 수많은 가설을 발표했다. 주제별로 분류해도 30종류 가까이 된다고 하니, 이야기에 함축된 매력이 얼마나 강렬한지 느껴진다. 17세기에는 아이들이 베저강에서 익사했다는 가설이 제기되었지만, 쥐를 강으로 꾀어냈다는 후세의 창작에 영향을 받았을 가능성이 있다. 20세기 말이 되자 소아성애자에 의한 엽기 살인설이 발표되었다. 지극히 현대적이고도 엉뚱한 추리다.

　3세기를 잇는 두 가설 사이에 날조설, 사신설, 산사태로 인한 생매장설, 깊이를 알 수 없는 늪에서의 사고사설, 야수 습격설, 유괴설 등이 줄지어 등장했다.✿

학자들이 발표한 가설

Ⅰ 모종의 전염병에 걸린 아이들을 마을 밖으로 데려가서
버렸다.

요컨대 마을 사람들이 스스로를 지키기 위해서 마지못해
환자들을 희생했다는 것이다. 부끄러운 일을 했다는 죄책감
이 아이들을 잊지 않겠다는 마을 전체의 다짐으로 이어졌다
는 주장은 일리가 있다. 하지만 어린아이들만 걸리는 전염병
은 상정하기 어렵고, 결정적으로 이 가설에는 피리 부는 사
나이의 존재감이 어디에도 없다.

Ⅱ 처형장 근처 산은 기독교가 들어오기 전까지 고대 게르
만의 제단이었으며 하지제(당시에는 성 요한과 성 바오로의 날)가
되면 불을 피웠다. 피리 부는 사나이의 꾐에 따라간 아이들
이 그 광경을 보러 갔다가 언덕에서 떨어져 죽었다.

축제의 흥을 돋우기 위하여 고용한 방랑 악사가 아이들을
부추겨서 어두컴컴한 산길을 걷게 했고 결국 아이들은 조난
하고 만다. 그럴듯하게 들리긴 하지만 상처만 입고 살아남은
아이도 있을 테고 시체를 발견하지 못한 것도 이상하다. 무
엇보다 옛 문헌은 입을 모아 사건이 한낮에 일어났다고 말한
다.

Ⅲ 무도병에 집단 감염된 아이들이 춤을 추며 마을을 떠나 갔다.

여기서 말하는 무도병이란 유전병의 일종인 헌팅턴 무도병 이 아니라 중세에 빈번히 나타났던 일종의 집단 히스테리를 뜻한다. 축제의 열광 속에서 무도병은 자연 발생했고 감염자 들은 광란 상태로 정신없이 춤을 췄다. 대체로 시간이 지나 면 악령이 떠나간 듯 멍해지지만 간혹 사망에 이르기도 했 다. 단조롭고 억압적인 데다 죽음의 위협까지 가까이에 있던 중세인이 빠져드는 폭발적 고양 상태였다. 하지만 하멜른에 서만 한 번에 130명, 그것도 아이들만 감염되었다고 하기에 는 설득력이 떨어진다.

Ⅳ 아이들은 어린이 십자군에 징집되어 예루살렘으로 향했 다. 피리 부는 사나이는 군대를 모집하러 온 인물이다.

어린이 십자군의 비극은 실제로 도처에서 일어났다. 무력 한 아이들은 전쟁터에 도착하지도 못하고 항구에 다다르기 전에 지쳐 쓰러지거나, 겨우 올라탄 배가 난파되어 바다에 빠지거나, 끝내는 노예로 팔려 가는 일도 비일비재했다. 하 멜른의 아이들도 충분히 겪었을 법한 일이지만 거꾸로 왜 하 멜른에서만 어린이 십자군의 존재를 숨기려고 했는지 새로 운 의문이 생긴다.

21

Ⅴ 하멜른에는 미래가 없다고 판단한 아이들이 동유럽을 개척하기 위해 이주했다. 피리 부는 사나이는 신대륙이 얼마나 살기 좋은 땅인지를 피리가 아니라 말로 퍼뜨렸고, 값비싼 의상으로 풍요로움을 과시하여 아이들을 솔깃하게 만들었다.

현재로서는 이 가설이 가장 유력하다. 동시대에 창건된 동유럽 마을 이름에 하멜른이라는 단어가 여러 번 등장하는 것이 그 증거다. 하지만 이번에도 석연치 않은 점이 있다. 왜 130명 중 누구 하나도, 심지어 그들의 후손조차도 고향에 연락하려고 하는 사람이 없었을까.

아직 모든 사람이 만족할 만한 정설은 없다. 연구는 계속되고 있으며 〈하멜른의 피리 부는 사나이〉를 읽는 즐거움은 끝이 없다. 그런데 이 전설을 아이들 시선으로 바라보면 공포가 엄습한다. 수상한 마법 피리 소리에 이끌려서 몽유병자처럼 걷고 걷다가, 정신을 차려 보니 낯선 땅을 서성이고 있다면……❋

제2화 만드라고라

 예술작품의 단골 손님

영화 〈해리포터〉 시리즈에는 오싹한 식물이 등장한다. 호그와트 마법학교의 약초학 교사가 학생들에게 귀를 막도록 하고 화분에서 풀을 뽑아 들자, 인간을 빼다 박은 흉측한 덩이뿌리가 손발(?)을 버둥거리며 날카로운 비명을 지른다.

이 식물이 만드라고라(맨드레이크)다.

영화에 나온 모습대로는 아니지만 실재하는 식물이며, 머나먼 과거부터 수많은 예술작품에서 다루었다. 윌리엄 셰익스피어의 희곡 〈안토니와 클레오파트라〉에서는 클레오파트라가 안토니의 부재를 잠으로 메우기 위해 만드라고라를 달라고 말하는 대사가 나온다. 〈로미오와 줄리엣〉에서 줄리엣을 가사 상태에 빠뜨린 약초 역시 만드라고라였다.

주세페 베르디의 오페라 《가면무도회》의 주인공은 용서받지 못할 사랑을 단념하기 위해 점쟁이를 찾아가고, 점쟁이는 특별한 약초를 뽑아오면 묘약을 처방해주겠다고 제안한다. 이때 반드시 보름달이 뜬 밤에 약초가 난 처형장으로 혼자서 가야 한다는 당부를 덧붙인다. 만드라고라가 떠오르는 설정이다.

구약성서에도 야곱의 부인 레아가 만드라고라의 극적인 효과로 아이를 갖는 대목이 있다.

고대 그리스의 약초학자 페다니우스 디오스코리데스Pedanius Dioscorides의 《약물지De Materia Medica》 필사본에는 자연의 정령 님프가 디오스코리데스에게 만드라고라를 건네는 그림이 있는데, 곁에는 개 한 마리가 괴로움에 못 이겨 기절해 있다(개에 대해서는 뒤에 서술한다).

시간을 더욱 거슬러 올라가면 기원전 14세기의 투탕카멘이 있다. 그의 무덤에서 출토된 작은 상자 뚜껑에는 만드라고라를 손에 쥔 여성이 그려져 있다. 당시 만드라고라를 재배했다는 증거다.❀

만드라고라 전설

만드라고라만큼 기이하고 섬뜩한 전설에 얽힌 식물이 또 있을까. 지중해 연안에서 중국 서부에 걸쳐 자생하는 이 가지과의 독풀은 봄에 꽃피는 종과 가을에 꽃피는 종이 있으며, 순서대로 수컷과 암컷으로 성별이 나뉜다고 전해 내려온다.

잎은 땅 위에 방사형으로 넓게 자라며 노란색 또는 푸른 보라색을 띤 작은 꽃이 핀다. 둥근 열매는 끈에 매달린 탁구공처럼, 또는 고환처럼 땅 위를 굴러다닌다(그래서 이 식물은 다산의 상징이기도 하다). 땅속에 묻힌 굵은 방추형의 덩이뿌리는 끝이 다리처럼 두 갈래로 갈라져 있어서 때로는 작은 인간처럼 보였다. 옛 도판에서는 암컷과 수컷을 각각 머리에 이파리가 자라난 알몸의 여성과 남성으로 그렸다.

인체를 닮은 식물의 형태와 효능을 연관 짓는 약징주의 Doctrine of Signatures가 오랫동안 널리 받아들여진 까닭에, 인간의 몸과 똑같이 생긴 만드라고라의 뿌리는 만병통치약이라는 증거로 여겨지며 자연스레 수요가 높아졌다. 하지만 덩이뿌리 주위에는 모세혈관처럼 얇은 뿌리가 온통 에워싸고 있어서 뽑으려면 상당한 힘이 든다. 뽑을 때 나는 소리도 더없이 불쾌하다고 한다.

하지만 뭐니 뭐니 해도 이 식물의 특징은 풀 전체에 퍼져

있는 독이다. 열매도 완전히 무르익기 전에는 위험하고, 특히 뿌리는 신경독성 알칼로이드를 여러 종류 품고 있어서 환각, 착란, 삼킴곤란, 발열, 구토, 동공확대, 두근거림 등을 일으키며 심하면 죽음을 초래하기도 한다. 물론 독은 약도 되는 법이라서 예로부터 진통 및 진정제, 건위제, 쾌락과 금단 증상을 동반하는 환각제 등으로 사용되었다. 최음제나 임신 촉진제로도 효과적이라고 믿었기에 마녀의 연고라고 칭하기도 했으며 연금술의 원료로도 활용했다.✽

 만드라고라를 뽑으려면

울퉁불퉁 사람 형태의 기괴한 모습, 속에 머금은 맹독, 까다로운 채취 과정과 기분 나쁜 소리까지, 이쯤 되면 수상한 식물로 여기지 않기가 더 어렵다. 구전에 따르면 만드라고라는 마을 변두리의 처형장에서 자라난다. 순결한 남성이 처형대에 목이 매여 죽는 순간, 몸에서 뿜어 나온 정액이 땅에 떨어져서 만드라고라를 키운 것이다. 한밤중에는 땅으로 올라와서 두 다리를 움직이며 이곳저곳을 돌아다니기도 한다.

이런 만드라고라를 뽑으려면 만반의 준비가 필요하다. 뿌리를 당기는 순간 온몸의 털이 쭈뼛 서는 비명을 지르는데, 그 소리를 들은 사람은 미쳐서 죽기 때문이다. 금요일 동트기 전 귀마개를 끼고, 잘 길들인 개를 데리고서 처형장으로

간다. 만드라고라 앞에서 성호를 세 번 그은 다음 뿌리 주위의 흙을 파내서 뿌리와 개를 끈으로 연결하고 멀찍이 떨어진 곳에서 개를 부른다. 충직한 개가 달리기 시작하는 동시에 만드라고라는 바깥으로 끌려 나오면서 비명을 지른다. 그 소리를 들은 개는 괴로움에 몸부림치다 죽지만, 만드라고라는 무사히 손에 넣을 수 있다.

불쌍한 멍멍이…….❋

제3화 제보당의 괴수

 나폴레옹이라 불린 짐승

《지킬 박사와 하이드》,《보물섬》으로 유명한 19세기 영국 작가 로버트 루이스 스티븐슨Robert Louis Stevenson은 병약한 몸을 돌보고자 유럽 각지를 여행했다. 20대에는 홀로 프랑스 남동부의 중앙고원으로 떠났는데, 그 기록이 1879년 출간한 저서 《당나귀와 함께한 세벤 여행》이다. 책에서는 현재 로제르 Lozère주의 일부인 제보당Gévaudan으로 발을 내디디며 스티븐슨이 느낀 설렘이 고스란히 전해진다. 이제는 안락한 지역이 된 유럽에서 모험이라는 말에 걸맞은 장소가 남아있다면 바로 제보당일 것이라고 그는 말한다. 게다가 옛날 여기는 악

명 높은 '제보당의 괴수', 늑대들의 나폴레옹 보나파르트라고 일컫던 짐승의 마을이었다고 전한다.

제보당의 괴수를 나폴레옹이라고 불렀다니 굉장히 흥미롭다. 실제 사건은 나폴레옹이 황제의 자리에 오르기 훨씬 전, 루이 15세 치하의 시대이자 스티븐슨의 모험 여행보다 무려 1세기 이상 과거에 일어났다. 하지만 근대인이자 이국의 청년에게 제보당은, 늑대의 위협을 막기 위해 숲을 모조리 베어버렸음에도 불구하고 여전히 야생의 땅이었다. 아주 틀린 말은 아니다.

도심에서 멀리 떨어진 곳에 산과 황무지와 숲, 궂은 날씨와 사나운 늑대로 이루어져 있던 제보당은 시대의 진보에서 늘 뒤처졌다. 흡혈귀의 고장 트란실바니아와 비슷하게 글도 읽을 줄 모르는 가난한 주민들이 서로 돕고 의지하면서, 외지 사람을 적대시하는 곳이었다. 스티븐슨은 제보당 주민의 싸늘한 대우를 낱낱이 늘어놓았다. 한 노인은 그를 보자마자 집으로 달려 들어가더니 문을 두드려도 나오지 않았고, 길을 잘못 드는 모습을 보고도 알려주는 이 하나 없었다. 특히 압권은 소녀 둘인데, 길을 묻자 한 명은 혀를 삐쭉 내밀었고 다른 한 명은 소 뒤를 쫓아가라며 킥킥댔다고 한다. 어지간히 화가 치민 모양인지 스티븐슨은 이런 말까지 썼다.

제보당의 괴수는 이 부근 아이들을 백 명이나 집어삼켰다던데,
나로서는 괴수가 한 짓이 꽤 마음에 든다. ❀

 ## 신출귀몰한 괴물

　제보당의 괴수는 1764년 여름 난데없이 모습을 드러냈다.
소를 돌보던 소녀가 난생처음 보는 짐승에게 쫓기다가 목숨
만 겨우 살아서 도망쳐 돌아온 것이 사건의 발단이었다. 늑
대냐는 물음에 소녀는 고개를 저었다. 몸통과 머리와 입은
커다랗고 가슴은 넓으며 등에는 줄무늬가 있고 꼬리는 길었
다. 늑대와 닮았지만 결코 늑대가 아니다!

　제보당 마을은 늑대와 공생해야 하는 환경이었다. 해가 비
추는 동안은 인간 세상, 어둠이 내려앉으면 늑대 세상으로
구분해서 살긴 했지만 아이들도 늑대라면 잘 알았다. 위험을
피하려면 꼭 필요한 지식이기 때문이다. 가까이에서 본 소녀
가 아니라고 한다면 그 말이 맞을지도 모른다. 애초에 늑대
는 무리 지어 사냥하는 습성이 있고 인간과 가축이 함께 있
으면 보통 가축을 노린다. 예사롭지 않은 동물이라고 생각하
는 사이 짐승은 이웃 마을 소녀를 공격했다. 내장이 파 먹힌
채 싸늘한 주검으로 발견된 것이다. 슬퍼할 새도 없이 이번
에는 다른 마을에서 어린아이가 희생되었다.

　마을의 공기 중에 두려움이 감돌던 그때, 민가 정원에서

한 주부가 습격당했다. 우연히 근처에 있던 남자들이 몽둥이와 낫으로 괴수를 쫓았고, 이때 처음으로 여럿이서 동시에 짐승의 모습을 목격했다. 그들의 증언은 처음 괴수를 마주친 소녀와 똑같았다. 늑대가 아니다, 이제껏 본 적 없는 짐승이다. 머지않아 이 정체불명의 짐승은 '제보당의 괴수La Bête du Gévaudan'라고 불리기 시작했다. 이때 La Bête는 단순히 괴이한 짐승이 아니라 마수魔獸 또는 괴물에 가까운 뉘앙스를 내포한 말이었다. 여하튼 피해자는 점점 늘어만 갔다.

정확한 통계는 없지만 이름이나 나이 또는 사망일이 알려진 사람도 꽤 많아서, 괴수가 활동한 3년간 약 60~100명의 희생자를 낳은 것으로 추정된다(더 많은 숫자를 드는 연구자도 있다). 자연의 법칙인 약육강식을 증명하듯 희생자 대부분은 여성과 아동이였다.

남자들은 무기를 들고 굳건히 마을을 지켰지만 상대는 신출귀몰했다. 이토록 교묘히 도망 다닐 수 있는 이유는 정말 마물이라서가 아닐까, 어쩌면 늑대인간일지도 모르겠다, 진위가 불분명한 소문은 그런 수군거림과 함께 파다히 떠돌았다. 육식동물은 보통 사냥감의 숨통을 먼저 무는데 이 괴물은 교활하게도 거대한 입으로 가장 먼저 먹잇감의 머리를 으드득으드득 깨물어 부순다더라, 날랜 발과 비상한 정력으로 대낮에 역마차를 끈질기게 쫓아가더라, 하는 소문이었다.

이듬해인 1765년 초에는 결국 베르사유 궁전까지 소문이

도착했고, '권태의 왕' 루이 15세는 모처럼 만에 강한 관심을 표했다.❁

 ## 박제된 제보당의 괴수?

1765년은 베르사유에서 태어나 다섯 살부터 왕위에 있던 루이 15세가 이제 곧 55세를 맞이하는 해였다. 왕권신수설을 굳게 믿었고 아첨과 추종에 익숙했으며 열정은 오로지 사냥에만 쏟은 호색꾼에 정치 혐오자인 그는, 노력 없이 만물을 손에 넣은 자가 빠져들기 십상인 무거운 권태증에 짓눌려 있었다. 호기심은 바닥 난 지 오래였던 그가 제보당 사건에는 뜻밖에 반응을 보였다. 서민들이 입은 피해를 안타깝게 여겨서가 아니었다. 계몽주의 시대의 왕으로서 마수나 늑대인간 따위를 믿는 무지몽매함이 못 견디게 싫었고, 무엇보다 제보당의 괴수라고까지 불리는 포악한 괴물을 실제로 보고 싶었다. 가능하다면 제 손으로 직접 숨통을 끊어놓고 싶었으리라.

왕은 현상금을 거는 동시에 늑대 사냥 전문가 두 명을 현지에 파견했다. 그들은 사냥에 특화된 견종인 블러드하운드를 이끌고 제보당의 산과 들을 4개월이나 뛰어다니며 샅샅이 뒤졌지만 끝내 목표를 발견하지 못했고, 그런 그들을 비웃기라도 하듯 괴수의 살육은 계속되었다.

〈제보당의 괴수〉
작가 미상의 판화, 1764
이 작품에도 이시동도법이 적용되었다.
중앙에는 희생자와 괴수가,
뒤편 오른쪽에는 괴수를 두려워하는 사람들이,
왼쪽에는 사냥꾼에게 쫓기는 괴수가 그려져 있다.

6월이 되자 루이 15세는 사냥꾼들을 다른 토벌대와 교대
시킨다. 왕실 머스킷 총 관리자인 중위와 용기병 한 무리였
다. 제보당 주민에게는 상당히 성가신 일이었다. 수색을 거
드는 것까지는 그렇다 치더라도, 대규모의 숙박과 음식을 마
련해야 했으며 난폭하게 행패를 부리는 병사들 탓에 날로 악
화하는 치안까지 견뎌야 했다. 하지만 그것도 3개월 만에 끝

났다. 몸길이 170센티미터, 몸높이 80센티미터, 체중 60킬로그램인 늑대가 사살되었기 때문이다. 프랑스에 서식하는 회색늑대종은 최대 몸길이 160센티미터, 몸높이 90센티미터, 체중 50킬로그램 정도다. 그렇다면 중위가 제보당의 괴수랍시고 사살한 늑대가 유별나게 크다고 하기도 어정쩡하고, 목격자의 확인도 없이 허둥지둥 귀로에 올랐다는 점도 이상하다. 중위를 사기꾼이라고 매도하는 사람도 있었다.

박제한 짐승은 베르사유에 두었고 말로만 듣던 식인 괴물의 등장에 궁정은 한바탕 수선스러웠다. 왕도 크게 만족하며 중위에게 거액의 포상금을 주고 훈장까지 수여했다. 박제는 파리 왕립 정원(현 국립 자연사박물관)에서 1819년까지 전시했으나 현재는 행방불명 상태다.✸

재앙의 전말은

제보당의 괴수는 용기병의 수색 종료를 확인하기라도 한 듯 그해 겨울 또다시 어린아이를 공격하여 다치게 했다. 중위가 사살한 것은 역시 평범한 늑대였다며 주민들이 호소했지만 이미 싫증나버린 왕의 이목을 끌기에는 역부족이었다. 그 뒤로 1년 반에 걸쳐 10명 이상이 잡아먹혔다. 제 손으로 해결하는 수밖에 없었다.

1767년 6월, 무려 300명에 달하는 근방의 사냥꾼과 몰이

꾼이 힘을 합쳐서 마침내 괴수를 몰아넣지만……. 어찌 된 까닭인지 이즈음부터 이야기가 안개 낀 듯 흐리멍덩하다. 구전에 따르면 쫓기던 괴수의 눈앞에는 마을 사냥꾼 장 샤스텔 Jean Chastel이 있었다. 괴수는 사냥 전 기도를 올리는 샤스텔을 보고도 가만히 끝나기를 기다리다가 저항할 낌새도 없이 그의 은빛 총탄에 맞았다. 영웅이 된 샤스텔은 짐승의 사체를 베르사유로 가져갔지만 진작에 사건 종결을 공표한 정부의 반응은 냉담했다.

　참으로 희한하다. 현실성이라고는 찾아보기 힘든 허무맹랑한 내용이 끼어 있다. 사냥 중에 기도를 드리는 사냥꾼에다 그 기도에 귀를 기울이는 야수, 늑대인간 퇴치의 고전적 수단인 은제 탄환 등 여기저기서 꾸며낸 듯한 냄새가 자못 풍긴다. 총에 맞은 괴수가 목격자의 증언대로였는지도 확실치 않다. 어쨌거나 분명한 사실은 이날 이후 두 번 다시 괴수가 출몰하는 일은 없었고 3년에 걸친 제보당의 재앙은 완전히 막을 내렸다는 것이다. 문제는 괴수의 정체다. 루이 15세와 그 궁정, 그리고 1세기 후의 작가 스티븐슨은 늑대라고 믿었다. 목격자들은 한목소리로 늑대일 리 만무하다고 주장했다. 명확한 증거가 없으니 정답도 없다. 그런 점이 세계인의 상상력을 자극했는지 영화로도 각색된 것은 물론 지금까지도 다양한 가설을 만들어내고 있다. 그중에서 몇 가지만 소개하겠다.

✖ 특별한 늑대, 즉 늑대들의 나폴레옹이다.

✖ 늑대 한 마리가 아니라 여러 마리에 의한 습격이다.

✖ 개와 늑대 사이에서 태어난 교배종이다.

✖ 곰, 거대 원숭이, 표범, 울버린, 혹은 사자와 호랑이의 잡종인 라이거다.

✖ 멸종한 동물이다.

✖ 네시 같은 미확인 생물이다.

✖ 털가죽을 뒤집어쓴 사람이다.

✖ 아프리카에 서식하는 사나운 점박이하이에나다.

괴수의 정체는 미궁이지만 이 사건으로 명백히 드러난 사실이 있다. 왕과 귀족은 시민의 불행에 전혀 관심이 없다. 제보당의 괴수는 그들의 지루함을 달랠 이벤트의 전시품에 지나지 않았다. 프랑스 혁명이 일어난 데는 다 이유가 있었던 것이다.✱

제4화 유령의 성

 고성에 떠도는 유령

　고성과 유령, 둘은 참 잘 어울리는 한 쌍이다.

　본래 성채는 적의 침입을 대비해 축조한 군사시설이다. 돌로 견고하게 성을 짓고 외벽을 겹겹이 쌓은 다음 주위에 해자를 두르고 도개교나 내리닫이 격자문을 설치했다. 안에는 포로와 첩자를 가두는 옥사는 물론 고문실과 처형장도 있었다. 한편 이 요새는 성주와 신하, 그들의 가족, 병사와 하인을 위한 거처의 역할도 수행했으며 이들을 위한 예배당까지 마련되어 있었다. 복잡하게 짜인 성 내부에는 어둠과 사각지대가 곳곳에 퍼져 있었고, 벽에는 격렬한 전투를 증언하듯

핏자국이 선명했다. 수 세기에 이르는 시간의 축적과 함께 전사자는 헤아릴 수 없을 만큼 쌓여갔다. 한을 품고 죽은 사람, 이 세상에 미련을 잔뜩 남기고 목숨이 끊어진 사람, 또는 죽었다는 사실조차 깨닫지 못한 채 쓰러진 사람의 영혼이, 육체가 허물어진 후에도 여전히 땅 위에 붙들린 채 허무하게 떠도는 곳이 바로 고성이다.✲

 ## 영국 유령과 일본 유령

　영국과 일본 사람들은 유령을 좋아하기로 유명하다.

　하지만 여름 특유의 분위기를 물씬 풍기는 일본 유령과 다르게 영국 유령의 활동기는 언제나 겨울이다. 유령의 집을 보는 시선도 확연히 다르다. 거주 목적으로 유령의 집을 사겠다고 나서는 일본인은 흔치 않은 데 반해, 영국에서는 유령이 무관한 사람에게는 해를 끼치지 않는다고 믿어서인지 오히려 장점으로 작용하여 가격이 올라간다.

　고성의 유령은 어떨까?

　물론 두 나라 어디에서나 공포체험 장소로 인기가 많다. 일본을 대표하는 유령의 성은 사가성佐賀城이다. 사실 유령의 성이라기보다 고양이 요괴의 성이다. 성에 깃든 사연은 이렇다.

　영주의 손에 아들을 잃은 어머니는 키우던 고양이에게 복

수를 부탁하며 자살하고, 그 피를 핥은 고양이는 영주의 첩에게 씌인다……

이렇게 시작하는 기괴한 전설은 고양이가 자아내는 마성의 분위기에 힘입어 풍속화와 전통극, 영화로 재탄생하였다. 현재는 공교롭게도 성곽 일부만이 남아있다.

또 다른 명소로는 순백색 성벽 때문에 백로성이라는 별칭을 얻은 아름다운 히메지성姫路城(정확히는 그 전신)이 있는데, 이곳에는 하녀 오키쿠 전설이 전해 내려온다. 열 장이 한 묶음인 접시에 한 장이 모자란다는 이유로 살해당해 우물에 버려진 오키쿠의 영혼이 "한 장, 두 장……"하고 한 맺힌 목소리로 접시를 센다는 것이다. 지금도 성 안뜰 한구석에는 '오키쿠 우물'이 남아있다.

한편 영국에서 가장 유명한 유령의 성은 두말할 나위 없이 고성 런던탑일 것이다. 하지만 가장 많은 유령 수와 출몰 횟수를 자랑하며 세계의 심령현상 마니아를 불러 모으는 곳은 따로 있으니, 알 만한 사람은 다 아는 스코틀랜드 국경 근처의 칠링엄성Chillingham Castle이다. 험상궂고 살벌한 분위기의 이 성은 먼 옛날 12세기에 건설이 시작되어 14세기에 지금의 형태로 완성되었다. 이름에 한기chill라는 단어가 들어간 이유는 석재의 특성과 성의 입지에서 오는 냉기뿐 아니라 왠지 모르게 등골을 오싹하게 만드는 인상 때문인지도 모르겠다. 적국 스코틀랜드의 침략을 막는 동시에 스코틀랜드에 침

공하기 위한 최전선 기지였던 칠링엄성에는 그 용도에 걸맞
게 피로 얼룩진 역사가 새겨져 있다. 병사들이 흘린 피만이
아니라 지하 고문실에서 희생자가 흘린 피다. 수년간 여성과
어린아이를 포함하여 5,000명이 넘는 스코틀랜드 포로가 이
곳에서 참살되었다고 한다. 현재 일반에 공개된 고문실에는
철의 처녀(여성 형태의 관에 사람을 집어넣고 쇠못이 박힌 문을 닫아서 죽
이는 도구), 가시 의자, 손가락 나사, 달군 인두, 거꾸로 매달아
서 가두는 우리 등 무시무시한 고문 도구가 전시되어 있다.
관광객들은 어디선가 울려 퍼지는 비명 또는 신음을 듣거나
직접 유령을 목격하기도 한다. 그중에서 특히 자주 출몰하는
유령이 셋 있다.

존 세이지John Sage

고문실에서 근무하며 수많은 사람을 고문하여 죽인 형리다. 최
후에는 분노하는 민중의 손에 갈가리 찢겼다. 해가 지면 갑옷
과 투구를 철그럼철그럼 울리며 성안을 돌아다닌다.

메리 버클리 부인Lady Mary Berkeley

고위 귀족 부인이었지만 남편이 그녀의 동생과 함께 달아나고
만다. 수백 년이 지난 지금도 여전히 남편을 찾아 성 여기저기
를 배회한다.

블루 보이│Blue Boy

이 소년의 자세한 이야기는 전해진 바 없다. 핑크 룸Pink Room이
라고 불리는 방의 침대 옆 벽이 푸르게 빛나면서 이따금 수상
한 목소리가 들려오거나 소년의 형체가 나타나기도 하여 이런
이름이 붙었다.

흥미롭게도 20세기 들어서 핑크 룸을 개조하기 위해 벽을
부수자 3미터 두께의 돌벽 안에 감춰져 있던 좁은 비밀 방이
발견되었고 그 안에는 소년의 백골 사체가 있었다. 아무래도
블루 보이는 실재했던 모양이다. 조사 결과 소년은 엘리자베
스 1세 시대의 인물로 판명되었고 스페인 무적함대에 관한
비밀문서를 봤다는 이유로 감옥에 갇혔다는 가설이 제기되
었다. 비밀 방의 벽에는 죽을힘을 다해 손톱으로 긁은 자국
이 남아있다고 한다.

일본 유령과 영국 유령
어느 쪽이 더 무서운가
아니, 어느 쪽이 더 서글픈가 ✽

제5화 방랑하는 네덜란드인

 바다를 헤매는 유령선

　'널판 한 장 밑은 지옥'이라는 말이 있다. 배의 바닥 판 아래에는 결코 사람이 살아남지 못할 참혹한 저승이며, 뱃사람 곁에는 언제나 위험이 도사리고 있다는 뜻이다. 그런 극한의 환경이 그들로 하여금 쉬이 미신에 빠져들고 단순한 착시를 괴기현상으로 오인하도록 만드는 것일까? 아니면 거대한 생명체인 바다가 정말 때때로 돌연변이를 낳는 것일까? 세계 곳곳에서 전해 내려오는 유령선 목격담의 가장 일반적인 유형은 이러하다.

안개가 짙게 깔린 낮 또는 깊은 밤에, 선체는 다 망가지고 돛은 너덜너덜한 데다 인기척이 전혀 없는 비현실적인 형체의 배 한 척이 난데없이 나타난다. 그 모습을 본 선원은 극심한 공포에 사로잡힌 나머지 몸이 얼음처럼 굳어버린다.

사람이나 동물도 아닌 무생물이 전혀 다른 모습으로 바뀌어 나타날 리 없다고? 아니, 배는 그렇지도 않다. 여러 문화권에서 배는 마력으로 생명을 얻거나 자기 의지에 따라 움직이는 물체로 묘사된다. 가장 널리 알려진 유령선은 '방랑하는 네덜란드선Flying Dutchman'일 것이다(사람을 뜻하는 man이 붙어서 '네덜란드인'으로 옮기기도 한다). 전설은 아프리카 대륙 남단의 희망봉 부근을 지나던 네덜란드 범선이 풍랑을 만나면서 시작된다. 풍랑으로 인해 뜻대로 배의 방향을 바꾸지 못하고 속을 끓이던 선장은 홧김에 남십자성crux을 향해 총을 쏜다(신을 매도했다거나 악마에게 구조를 청했다는 설도 있다). 선장은 신의 노여움을 샀고, 죽음도 허락받지 못한 채 영겁의 시간을 유령선과 함께 바다에 표류하는 저주에 걸린다.

유럽 대륙을 출발하여 희망봉을 도는 인도양 항로가 발견된 시점은 15세기 말이다. 그리고 네덜란드가 황금시대를 맞아 세계 바다를 장악한 때는 17세기다. 따라서 이야기가 구체적인 형태를 갖춘 것은 근대 이후라는 뜻이다.

또한 이 전설은 명백히 예수를 둘러싼 민간전승 '방랑하는

유대인The Wandering Jew'(또는 '영원한 유대인The Eternal Jew')을 떠올리게 한다. 십자가를 지고 예루살렘의 거리를 걷던 예수는 구둣가게 벽에 지친 몸을 기대려고 하다가 구두 장수 유대인에게 저지당한다. 예수는 말했다, 자신은 죽어서 평안을 얻겠지만 당신은 영원히 헤맬 것이라고. 이리하여 유대인(유대민족의 상징)은 세상 어디에도 정착하지 못하고 떠도는 신세로 전락한다. 신을 모독한 대가를 '방랑하는 유대인'은 땅 위에서, '방랑하는 네덜란드인'은 바다 위에서 받은 셈이다.✽

 ## 작곡가 바그너의 운명

음악을 사랑하는 사람이라면 방랑하는 네덜란드인 전설을 읽고, 단연 리하르트 바그너Richard Wagner가 작곡한 동명의 오페라를 떠올릴 것이다.

1839년 빚에 허덕이던 26세의 바그너는 채무자 감옥에 수감될 것이 두려워 아내 민나와 반려견을 데리고 동프로이센에서 밀항하여 런던을 거쳐 파리로 향했다. 부부는 보리를 실은 소형 상선에 올라탔다. 바다의 여신 이름을 딴 테티스Thetis호였다. 선장과 선원 합쳐서 일곱 명이 탄 배에서 부부를 숨겨주었다. 런던까지는 보통 일주일 정도 걸리는데 이들의 여정은 무려 세 배나 걸렸다. 중간에 폭풍우를 만났기 때문이다. 테티스호는 노르웨이의 작은 만으로 대피했다. 자서

〈방랑하는 네덜란드인The Flying Dutchman〉
찰스 템플 딕스Charles Temple Dix의 유화, 1860
유령선

전에 따르면 바그너는 우뚝 솟은 절벽에 메아리치는 뱃사람들의 외침을 사흘 밤낮 듣고서 오페라 3막 〈선원들의 합창〉의 선율을 떠올렸다.

물론 바그너는 네덜란드의 유령선 전설을 알고 있었고 전설에 모티프를 둔 하인리히 하이네의 단편 소설도 읽었다. 하지만 실제로 사납게 이는 비바람에 갇힌 채 칠흑 같은 어둠 속에서 울부짖는 파도 소리를 들으며 '널판 한 장 밑'에 입을 벌리고 있는 지옥을 또렷이 느낀 경험이 없었다면,《방

랑하는 네덜란드인》의 소름 끼치는 음악과 유령선 출현 장면이 탄생할 수 있었을까. 바그너의 오페라에 등장하는 네덜란드인 선장은 7년에 한 번 육지로 올라올 수 있다. 그곳에서 진실한 사랑을 만나면 저주에서 벗어나 구원을 받는다. 수백 년을 찾아 헤매다가 노르웨이의 작은 항구 도시에서 마침내 그런 여자, 즉 자신과 함께 죽을 상대를 만난다. 바그너는 유령선 전설을 사랑과 구원의 테마로 승화시켰지만, 배경에는 여전히 죽음을 잃은 삶에 대한 공포가 짙게 깔려 있다.

오페라는 몇 년 뒤 프랑스 파리에서 완성되었고, 1843년에는 독일의 드레스덴 오페라 극장에서 초연했다. 비슷한 시기에 바그너 자신도 무사히 독일로 돌아와서 드레스덴의 궁정지휘자로 취임했다. 하지만 네덜란드인과 비슷하게 그 또한 방랑하는 운명에 놓였고, 1849년 드레스덴 혁명에 가담한 혐의로 수배되자 스위스로 망명해야 했다. 묘하게도 같은 해 테티스호가 선원 전원과 함께 침몰했다고 한다.✳

제6화 도플갱어

 또 다른 자신

도플갱어Doppelgänger는 독일어다. doppel은 영어의 double, gänger는 영어의 goer로, 직역하면 '똑같이 움직이는 사람'이다. 닮은 사람, 분신, 때로는 생령을 뜻한다. 도플갱어는 자신이 직접 마주치기도 하지만 타인이 무관한 장소에서 목격할 때도 있다. 세계 각처에서 구전으로 내려오는 이 현상은 일반적으로 육체에서 분리된 영혼이 목격되는 것으로 여겨진다. 자신을 쏙 빼닮은 도플갱어와의 만남은 죽음의 전조라는 미신도 뿌리 깊다.

나는 어렸을 때 잠시 몽유병을 앓았다. 늦은 밤 전혀 자각

없이 잠옷 차림으로 현관문을 열려고 하다가 부모님이 말을 건 순간 깜짝 놀라 잠에서 깼다. 분명히 이불 속에서 푹 자고 있었을 텐데 왜 여기에 서 있는지 어리둥절했다. 나중에 어머니가 눈물을 글썽이며 털어놓기를, 얼마 전부터 현관문이 활짝 열려 있거나 밤에 정리해둔 신발이 아침이면 밖으로 나와 있는 등 이상한 일이 계속해서 일어났고, 의사의 조언에 따라 며칠간 뜬눈으로 지새우며 지켜봤다는 것이다.

아무래도 그날 밤을 기점으로 몽유병은 나은 모양이다. 등 뒤에서 부르는 소리에 돌아보니 부모님이 있고, 자고 있던 내가 어찌 된 일인지 현관에 서 있다. 불안과 공포로 얼룩진 부모님의 표정…… 아직도 선명한 기억으로 남아 있다. 새까만 어둠 속을 어린아이가 어디서 어떻게 헤매었을까. 혼자서 밤길을 걷는 꿈은 꾼 기억이 없었다. 나 자신이 무서워졌다. 그것이 아동에게 빈번히 나타나는 수면 중 이상행동일 뿐이며 사춘기에 접어들면 대체로 낫는다는 사실을 잘 아는 지금도, 생생한 경험이 있어서인지 도플갱어나 유체이탈을 단순한 환각으로 웃어넘기지 못한다.

잠옷 차림으로 밤길을 걷는 내 모습을 봤다고 누군가가 말한다 해도 마음만은 침실에 있던 나는 단호하게 부인할 테니까. ❋

가지각색의 도플갱어 이야기

　미국과 유럽의 도플갱어 관련 기록은 19세기 중반 이후 현저히 증가한다. 도플갱어의 유행에는 초자연 현상과 강령술의 높은 인기도 한몫했을 테고, 로버트 루이스 스티븐슨의 《지킬 박사와 하이드》를 비롯하여 도스토옙스키, 데이비드 로런스, 에드거 앨런 포, 오스카 와일드 등의 작품도 영향을 미쳤을 것이다.

　도플갱어를 직접 목격한 사람 중에는 저명한 인물도 여럿 있다. 영국 시인 퍼시 비시 셸리(1792~1822)는 자신의 도플갱어가 아내 메리 셸리(《프랑켄슈타인》의 작가)를 목 졸라 죽이려고 하는 광경을 목격했다. 얼마 후 도플갱어는 다시 나타나서 언제까지 이러고 있을 셈이냐며 호통쳤다. 퍼시는 2주 뒤에 죽었다. 보트 전복 사고로 인한 익사였다.

　프랑스 작가 기 드 모파상(1850~1893)의 도플갱어는 그의 서재에 급히 들어오더니 집필하던 소설의 다음 이야기를 받아쓰게 하고는 사라졌다. 하지만 당시 모파상은 선천성 매독이 악화하여 다량의 마약을 진통제로 복용했기 때문에 환각이었을 가능성이 높다.

　미국의 16대 대통령 에이브러햄 링컨(1809~1865)은 첫 대통령 선거 당시 거울에 비친 2명의 자신을 보았다. 영국 전함 빅토리아호의 사령관 조지 트라이언 중장(1832~1893)은 시리

아 연안에서 함대훈련을 지휘하던 중에 발생한 충돌 사고로 선원 357명과 함께 바다에 수장되었다. 마침 같은 시간 그의 아내는 런던의 저택에서 파티를 열었는데, 초대객 여럿이 군복 차림의 중장을 방금 마주쳤다고 증언했다. 물론 사고 소식을 아는 사람은 아무도 없었다.

이러한 사례는 대부분 구전되었다. 셸리가 이렇게 말했다, 링컨에게 들었다, 하는 식이다.

직접 남긴 기록이 없으면 못 믿겠다고? 그런 사례도 있다. 독일의 대문호 요한 볼프강 폰 괴테(1749~1832)가 자서전《시와 진실》에 남긴 도플갱어 목격담이다. 젊은 괴테는 말을 타고 연인에게 가는 길이었다. 맞은편에서 연회색 옷을 입은 도플갱어가 말을 타고 다가오는 것이 아닌가. 몹시 놀랐지만 이내 잊어버렸다. 8년 후 괴테는 같은 길을 이번에는 반대 방향으로 말을 타고 지나갔다. 그때 문득 깨달았다. 지금 자신이 그때 만난 도플갱어와 똑같은 연회색 옷을 입고 있었던 것이다.

이렇듯 도플갱어 이야기는 가지각색으로 남아있다. 하지만 사실 유령 이야기에 비하면 그 수는 훨씬 적다. 왜일까? 자신이 자신을 봤을 때 느끼는 충격은 유령을 봤을 때와는 비교가 안 될 만큼 크기 때문 아닐까. 유령 따위를 봤을 때 보다 훨씬 무섭기 때문 아닐까.✿

제7화 골렘

 프라하의 마법사 랍비 뢰브

구약성서에도 등장하는 히브리어 골렘Golem · גולם은 본래 태아, 미완성, 형태 없는 재료를 뜻한다.

이 단어가 유대 전설에서 점차 '움직이는 흙인형'이라는 뜻으로 바뀌었다. 유대교의 율법학자 랍비가 인형에 생명을 불어넣었기 때문이다. 사람 형태로 빚은 흙덩어리 골렘은 영혼도 감정도 없으며 제작자의 명령에 따라 기계적으로 움직일 뿐이었다. 전문가의 솜씨는 아니었을 테니 이목구비도 형태도 어정쩡하고 어딘가 께름칙했을 것이다. 게다가 멋대로 난동을 피운 적도 있었다. 폴란드 헤움Chelm 지방의 랍비인 엘

리야 바알 셈Elijah Ba'al Shem이 만든 골렘이었다. 엘리야의 골렘은 갈수록 몸집을 산더미처럼 부풀리며 마구잡이로 날뛰었다. 결국 그는 골렘의 이마에 각인한 문자 '진리emeth'에서 e를 지웠다. 문자는 '죽음-meth'으로 바뀌고 골렘은 흙으로 돌아갔지만 거대한 흙더미에 파묻힌 엘리야도 함께 죽음에 이르렀다(《프랑켄슈타인》에 미친 영향이 엿보인다).

이외에도 다양한 골렘 설화가 전해 내려오는데, 그중에서도 16세기 후반 체코 프라하에서 일어난 사건이 유명하다.

당시 합스부르크 왕가의 지배하에 있던 프라하는 당주이자 신성 로마 제국의 '괴짜 황제' 루돌프 2세가 궁정을 빈에서 이곳으로 옮긴 덕택에 대단히 번영하였다. 정무에 무관심했던 루돌프 2세는 모든 일을 동생에게 떠넘기고 결혼이나 후사는 외면한 채 예술품 수집이나 초자연적 학문 같은 취미에만 평생 돈을 쏟아 부은 한량이었다(말년에는 궁정에 갇히지만). 프라하가 마법의 도시로 불리게 된 이유도 그가 국내외의 수많은 연금술사, 점성술사, 마법사, 주술사 등을 궁정으로 초청하여 융숭한 대접을 베풀었기 때문이다. 대부분은 수상한 사람이었지만 개중에는 케플러의 법칙으로 유명한 독일 천문학자 요하네스 케플러, 당대 최고 수준의 천문기록을 남긴 덴마크 천문학자 튀코 브라헤, 과일과 식물을 조합하여 루돌프 2세의 초상을 그린 이탈리아 화가 주세페 아르침볼도 등 역사에 이름을 남긴 사람들도 있었다.

그리고 또 한 사람, 유다 뢰브 벤 베자렐Judah Loew ben Bezalel 이른바 랍비 뢰브 또한 루돌프 2세와 인연이 있다. 물론 궁정 사람은 아니었다. 가톨릭의 수호자를 자처해온 합스부르크 가문은 유대교를 용인하지 않았고, 당시에는 다른 여러 도시와 마찬가지로 프라하에서도 유대인 차별이 만연하여 랍비 뢰브는 유대인 지정 거주 구역인 게토ghetto에 살았다. 그런데도 그는 여러 학문에 능통한 대학자이자 출중한 마법사로 명성을 떨쳤고 루돌프 2세도 그의 강의, 특히 관심이 많던 카발라(유대교의 신비주의 사상) 강의를 들었다고 한다. 이 랍비 뢰브가 바로 골렘 설화의 주인공이다. 케플러의 어머니조차 마녀재판에 회부되던 시대였다. 불로장생의 묘약과 금의 원소합성은 물론 천사와 악마도, 마녀와 골렘도 전부 믿던 시대였다. ❁

흙인형의 배신

설교와 집필로 눈코 뜰 새 없던 랍비 뢰브는 흙으로 빚은 인형 입에 부적을 넣어서 생명을 불어넣고 무보수 하인으로 부렸다. 골렘은 묵묵히 일했고 안식일에는 부적을 뺀 흙덩이로 돌아갔다. 다음날이 되면 랍비 뢰브는 다시 골렘의 입에 부적을 집어넣고 일을 시켰다. 이렇듯 골렘을 편리한 도구로 쓰던 그는 어느 날 깜빡 잊고 부적을 그대로 둔 채 다른 마

영화 〈골렘〉에서
파울 베게너, 칼 뵈제 감독, 1920

을로 외출하고 말았다. 그러자 골렘은 별안간 흉포해져서 집 안을 온통 때려 부수기 시작했다. 곧 이웃 주민들이 알아차렸지만 아수라장을 바라보며 발만 동동 구를 뿐이었다. 결국 누군가가 랍비 뢰브를 데려왔고 오랜 분투 끝에 골렘의 입에서 부적을 빼내는 데 성공했다. 흙으로 돌아간 골렘을 산산이 부순 뒤, 랍비 뢰브는 두 번 다시 진흙 덩이에 생명을 불

55

어넣지 않았다.

설화의 요점은 명료하다. 신조차 흙덩이로 만든 아담에게 배신당했다. 하물며 인간 따위가 어설픈 마법으로 만든 인형이라면 더하다. 인간은 감히 신 흉내를 내서는 안 된다.

그렇다면 미래의 골렘인 로봇은 어떨까? 마찬가지다.

〈블레이드 러너〉, 〈터미네이터〉, 〈매트릭스〉 등 SF 영화에 수없이 등장하는 인조인간은 사람에게 위해를 끼치지 않도록 컴퓨터로 엄격히 제어했는데도 어느새 독자적인 의사와 힘을 얻어 인류를 공격하기 시작한다…….

골렘을 향한 공포는 과거의 전유물이 아니다.❋

제8화 브로켄산의 마녀집회

 브로켄산의 요괴

독일과 일본의 면적은 거의 비슷하다. 하지만 거주 가능한 땅은 일본이 30퍼센트 정도인 데 반해 독일은 약 70퍼센트에 달한다. 독일이 얼마나 평탄한 나라인지 잘 나타나는 수치다. 특히 북독일로 가면 드넓은 평원이 끝도 없이 펼쳐진다. 남독일에는 험준한 고산이 있지만 알프스와 가까운 남단에 집중되어 있고 그 외 지역에는 숲이나 언덕 같은 다소의 기복이 있을 뿐이다.

한편 독일 중부는 완만하게 상승하며, 낮은 산들이 섬처럼 모여서 하르츠 산지를 형성한다. 브로켄산은 여기에서 가장

높은 산이다. 높아 봐야 해발 1,141미터 정도지만, 그래도 맑은 날 산 정상에 오르면 주위에 시야를 가로막는 장애물이 없어서 근사한 360도 파노라마를 즐기기에 충분하다. 안타깝게도 맑은 날은 그리 흔치 않다. 화강암이 노출된 브로켄산은 연간 평균 260일 안개로 뒤덮여 있다. 기상 변화가 심해서 강우량도 많은 데다 바람까지 거칠게 불어댄다. 바다와 마찬가지로 산 또한 지옥이다. 평지 주민에게는 더없이 위험하고 불길한 장소다. 더구나 브로켄산은 먼 옛날 요괴와 마물의 거처로 두려움을 자아낸 곳이니 말할 것도 없다.

자신을 중세의 여행자라고 상상해보자. 높은 곳이라고는 교회 탑이나 나무밖에 모르는 작은 마을에서 나고 자란 당신은 피치 못할 사정으로 브로켄산을 넘어야만 한다. 요괴에게 습격당해 실성하거나 실족사한 사람이 있다는 소문을 떠올리며, 당신은 밝을 때 산을 넘어가기로 하고 날씨가 좋은 따뜻한 날을 골라서 길을 떠난다. 산을 오르며 점차 거세지는 바람에 모자가 날아가고 만다. 갑자기 멧돼지가 튀어나와서 지팡이로 쫓아낸다. 자욱이 내려앉은 안개에 옷이 함빡 젖는 바람에 추위로 온몸이 떨린다. 땅거미가 진 듯 어두워져서 발밑도 보이지 않자 길을 잃은 것은 아닌지 불안은 가실 줄 모른다. 여기저기에서 수상한 형체가 당신 주위에서 존재감을 드러낸다. 유령이나 요괴가 아니라 풍화한 화강암 덩어리라는 것을 깨닫지만, 너울대는 안개로 뒤덮인 바윗덩이는

또다시 꿈실거리는 듯 보인다. 기도를 읊으며 쉬지 않고 올라가다 보니 드디어 정상에 거의 다다랐다. 다행히 등 뒤편에는 구름 사이를 비집고 햇볕이 내리쬔다. 그런데 그때, 눈앞에 두텁게 깔린 안개 위로 몽환적인 일곱 색깔 빛의 원이 떠오른다. 곧이어 검은 요괴가 원 안에 거대한 형체를 드러내는 것이 아닌가. 너무 놀라서 양손으로 머리를 감싸자 요괴는 비웃듯이 흔들흔들 동작을 따라 한다. 다리에 힘이 풀려서 엉덩방아를 찧자 그마저 따라 한다. 공포로 머리카락을 쭈뼛 곤두세운 채 넘어지고 구르며 정신없이 산을 뛰어 내려간다. 산기슭에서 만난 낯선 사람에게, 요괴다, 브로켄 요괴가 나타났다, 이 눈으로 똑똑히 봤다, 숨을 헐떡이며 말하니 상대도 눈을 부릅뜨고는, 또 나타났군, 사람들한테 알려야겠어, 라며 서둘러 마을로 달려간다……. ❄

 '발푸르기스의 밤' 전설

괴물도 천사도 악마도 실재한다고 믿던 시대였다. 글을 읽을 줄 아는 사람은 극히 드물었고 자연현상을 과학적으로 해명하려는 시도도 미미했다. 지금이야 이 기묘한 현상이 '브로켄 현상'으로 세상에 알려졌지만, 이 표현 자체가 18세기 말에 처음 사용되었으니 상당히 최근이다. 브로켄산에서 곧잘 나타났다는 이유로 붙은 이름이지만 조건만 갖춰지면 어

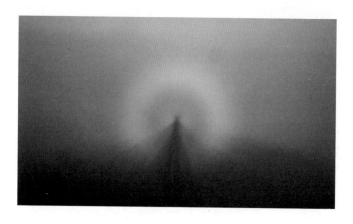

〈브로켄 현상〉을 담은 사진
테오 세곤즈 Théo Segonds, 2018
그림자와 주위를 감싸는 원형 무지개가 안개에 비추는 현상

디서나 볼 수 있다.

우선 태양을 등지고 섰을 때 전방에 짙은 안개가 껴야 한다. 구름안개 위로 원형 무지개가 뜨고 그 안에 자신의 그림자가 드리운다. 브로켄 현상의 원리는 구름이나 안개의 물방울에 닿은 태양광선의 굴절, 즉 빛과 물방울이 만들어내는 마법이다. 그림자가 평면이 아니라 층층이 깔린 안개를 통과하며 비추기 때문에 커 보인다. 태양광선의 거리가 가까울수록 그림자도 원형 무지개도 어마어마하게 커진다.

원리를 알고 봐도 자연의 신비에 압도될 정도이니, 광학지식이 전혀 없는 순박한 옛사람들이 안개가 거울이 되어 그

림자를 비춘다고는 꿈에도 생각지 못하고 드넓은 공간에 출현한 요괴라며 벌벌 떠는 것도 당연했다. 브로켄 현상이라는 과학용어가 만들어지기까지 사람들은 이를 '브로켄의 요괴'라고 불렀다. 이렇듯 괴기스러운 일이 일어나는 브로켄산은 언제부턴가 '발푸르기스의 밤(마녀의 밤)' 전설과 결부된다. 4월이 끝나고 5월이 시작되는 밤이면 각 지역의 마녀들이 브로켄산에 모여서 연회를 연다는 것이다.

발푸르기스의 밤 전설은 1808년 괴테가 〈파우스트〉 1부에 생생하게 묘사하며 단번에 널리 알려졌다. 파우스트가 악마 메피스토펠레스를 따라 브로켄산에서 열리는 연회에 참석하는 장면이다. 남녀노소와 빈부귀천을 불문하고 마녀와 마귀는 물론 요정, 요괴, 신령까지 한데 모여 축제는 절정으로 치닫는다. 파우스트도 신이 나서 아름다운 여자와 춤을 추지만, 도중에 그녀의 입에서 새빨간 쥐가 튀어나오는 바람에 흥이 깨지고 만다.✽

 각지에서 열린 마녀 집회

중세 시대에는 마녀가 정기적으로 모여 야단법석을 피운다고 믿었고, 그 모임을 사바트Sabbath라고 불렀다. 히브리어로 안식일을 일컫는 단어가 어느 틈에 마녀의 집회를 뜻하는 말이 되었다. 사바트가 열리는 날은 국가와 지방마다 달랐다.

4월에 열리는 곳이 있는가 하면 10월 핼러윈이나 12월 크리스마스 즈음, 혹은 매주 목요일이나 금요일인 곳도 있었다. 시간은 대체로 밤이지만 낮에 열린 사례도 기록에 남아 있다 (이때 기록이란 물론 마녀재판 당시 고문을 견디다 못해 되는대로 둘러댄 자백의 기록이다). 집회 장소도 천차만별인데 마녀사냥의 전성기였던 16~17세기에는, 마녀 집회 장소가 어느 나라에나 수백 군데는 있었다고 하니 놀라울 따름이다. 황량한 벌판이나 숲, 늪과 호수 지대, 묘지나 폐가 같이 마을에서 멀리 떨어진 장소부터 마을 한복판의 시 청사나 교회당까지 다양한 곳이 언급됐다. 하지만 아무래도 산이 가장 많다. 프랑스의 퓌드돔산, 알프스산맥, 쥐라산맥, 피레네산맥……. 마녀들은 보통 집 근처에서 열리는 사바트에 참석했다고 한다. 독일에서는 역시나 브로켄산이었다. 이곳에서 일 년에 한 번 개최되는 대규모의 사바트는 '발푸르기스의 밤 연회'라 불렸다. 유럽 마녀들에게 연회가 열리는 브로켄산은 평생에 한 번 갈까 말까 하는 성지였는지도 모른다. ✻

왜곡된 봄의 제전

발푸르기스Walpurgis는 영국에서 독일로 건너가 치유의 기적을 행한 8세기의 성인 발부르가Walpurga에서 기원한다. 그런데 여기에는 복잡한 사정이 얽혀 있다. 기독교가 석권하기 전

독일에는 바이킹과 함께 북유럽 신화가 건너와 있었다. 신화에 따르면 최고신 오딘Odin은 신비한 힘을 지닌 룬 문자의 비밀을 손에 넣기 위해 한 번 죽은 후 흙에서 싹이 돋아나듯 새 생명을 얻었다. 이를 기념하는 날이 유럽 곳곳에 전파되며 5월 1일 오월제May day가 되었다.

요컨대 오월제는 기독교의 입장에서는 이단의 축제였다. 봄이 오기 직전인 4월 30일 일몰부터 5월 1일 해가 뜨기 전까지 계속되는 발푸르기스의 밤에는 겨울과 봄이 서로 뒤섞인다. 산 자와 죽은 자의 경계도 모호해진다. 동트기 전이 가장 어둡다. 오월제를 지내는 이들은 산 자 틈에 어울리려는 악령을 물리치기 위해서 모닥불을 지폈다. 그렇게 어둠을 견디고, 5월 1일의 해가 뜨면 봄이 도래한다. 어둠에서 빛으로 향하는 격변을 사람들은 폭발적인 기쁨과 함께 맞이했다. 자연 숭배의 성격을 띠던 오월제는 기독교가 세력을 확장하고 토착신앙을 사교Cult 취급하면서 거의 배격되다시피 할 정도로 변질하였다. 성 발부르가의 축일을 억지로 5월 1일로 만들면서 이단의 축제는 기독교의 영역이 되었고, 동트기 전의 어둠은 악마가 위세 부리는 사교의 영역으로 전락했다. 사교는 이단이며, 이단자는 악마 숭배자인 마녀다.

이리하여 발푸르기스의 밤은 마녀의 집회가 되었다. 전등이 없던 시대에 밤은 두려움의 대상이었으니 자유롭게 나다니는 것 자체가 마녀만이 할 수 있는 일이었다. 또한, 사바트

〈마녀의 집회Witches Sabbath〉

프란시스코 데 고야Francisco de Goya, 1797~98
스페인 산속에서도 사바트가 열렸다.
화면 오른쪽에는 악마의 화신인 검은 수산양에게
아기를 제물로 바치는 마녀가 그려져 있다.

64

에서는 온갖 역겨운 행위가 펼쳐졌다고 한다. 성을 억압하는 기독교의 규범으로 보면 역겨운 행위가 성적 방종과 연결되는 것은 필연이었다. 마녀는 음탕한 존재로 여겨졌다.

당대의 악마학 문헌을 보면 사바트에서 마왕은 숫염소나 개의 형상으로 권좌에 앉아있고, 마녀는 젖먹이의 시체나 교수형에 처해진 남자의 혀 따위를 바치며 충성의 증거로 마왕의 둔부에 입을 맞췄다고 한다. 이후 신참 마녀의 입문식을 치르고 악천후, 기아, 질병 등 재앙을 불러일으키는 마법을 부린 다음, 마침내 지위 고하를 막론하고 함께 어울렸다. 먹고 마시고 춤추고 너나없이 난교를 즐겼다. 마녀는 마왕, 호색한, 가까운 친척, 동물, 시체까지 상대를 가리지 않았다.

오딘의 일시적인 죽음에서 출발하여, 악령을 쫓는 봄의 제전이 된 발푸르기스의 밤이 이토록 왜곡된 것이다. ✻

 ## 오딘과 히틀러

오딘은 독일에서 통상 보탄Wotan이라고 부른다. 음악 애호가라면 리하르트 바그너의 역작 《니벨룽의 반지》를 떠올릴 것이다. 북유럽 신화를 자유롭게 번안한 이 오페라에도 외눈박이 노인 보탄이 등장하기 때문이다. 그리고 바그너 하면 떠오르는 인물은 아돌프 히틀러다. 바그네리안(바그너 애호가)이었던 히틀러는 바그너의 작품만을 공연하는 바이로이

트 음악제를 지원하였고 오페라에서 영감을 받아 작곡한 〈니벨룽의 행진곡〉을 나치 전당대회에서 연주케 했다. 또한 프랑스가 독일 국경에 쌓은 요새 마지노선에 대항하여 독일이 건설한 요새는 보탄의 손자 이름을 따서 지크프리트선이라고 이름 지었다. 히틀러의 심복이었던 요제프 괴벨스는 어떠한가. 몸집이 작아서 '작은 박사'나 '음흉한 난쟁이'로 불리던 그는 이외에도 무려 '보탄의 미키마우스'라는 별명도 있었다. 히틀러를 보탄에 빗댄 것이다. 그런 히틀러가 오딘의 죽음과 부활의 신화를 몰랐을 리 없다. 그렇다면 히틀러가 4월 30일을 골라 자살한 것에 의미를 부여하는 학자의 주장도 일리가 있고, 나치를 통렬하게 비판한 칼 크라우스의 저서가 《제3 발푸르기스의 밤Dritte Walpurgisnacht》이라는 제목인 것도 이해가 간다. ✽

 이웃 사회에 녹아든 마녀

마녀는 이웃 사회에 녹아들어 보통 사람과 별반 다르지 않은 일상을 보낸다. 하지만 뒤에서는 요술을 부려서 몰래 작물을 시들게 하고 사람이나 가축에게 저주를 내려서 생명을 앗아간다. 그리고 마녀들의 총수인 마왕이 소집하면 몸에 특수한 연고를 바르고 빗자루에 올라타 밤하늘을 날아서 높은 산이든 국경 너머의 머나먼 숲이든 사바트가 열리는 곳으로

향한다. 시끌벅적한 소리로 가득한 축제가 첫닭 우는 소리와
함께 끝나면, 마녀는 서둘러 집으로 날아가서 시치미 뚝 떼
고 일상으로 돌아간다……. 당시에는 그렇게 믿었다. 마녀의
이중생활을 재치 있게 표현한 노래가 있다. 19세기 작가 빌
리발트 알렉시스의 시에 작곡가 프레데릭 뢰베와 요하네스
브람스가 각각 다른 곡조를 붙인 소품이다. 제목은 〈발푸르
기스의 밤〉이다.

　노래는 어린아이와 어머니의 대화 형식으로 진행된다.

　—엄마, 어젯밤 비바람이 거셌어요.
　—5월 1일이잖니, 아가.
　—엄마, 브로켄산에 번개가 쳤었어요.
　—아가, 마녀들이 모여서 그렇단다.

　마녀는 어떻게 나는지, 마을에도 마녀가 사는지, 질문 공세
를 퍼붓는 아이에게 어머니는 하나하나 대답한다. 그리고 마
지막에는…….

　—엄마, 어젯밤 빗자루가 사라졌었어요.
　—아가, 빗자루는 브로켄산에 다녀왔단다.
　—엄마, 엄마도 어젯밤 침대에 없었잖아요.
　—그럼, 엄마도 브로켄산에서 밤을 지새웠거든. ✾

유럽 전역을 휩쓴 마녀사냥의 광풍

마녀는 기원전부터 존재했다. 마녀를 박해한 사례 또한 수 없이 많았지만, 어디까지나 마녀로 간주된 자가 저지른 명백한 반사회적 행위에 대한 처벌이었다. 변화는 14세기 무렵부터 일어났다. 거듭 덮쳐온 흑사병, 긴 빙하기로 인한 흉작과 기근, 마르틴 루터의 종교개혁이 야기한 사회불안은 마녀를 마녀라는 이유만으로 처벌해야 한다는 분위기를 형성했고, 결국 교회에서는 마녀를 사형에 처하기로 결정한다. 신약성서에는 마녀의 '마魔' 자도 나오지 않는데 말이다.

15세기 후반에는 마녀를 정의하고 마녀재판의 과정(즉 고문 방법)을 상술한 책《마녀를 심판하는 망치》가 출간되었다. 도미니코회의 수도사인 이단 심문관 하인리히 크라머의 저서로, 지금이야 악명 높지만 당시에는 각국 언어로 번역되어 유용한 참고서로 쓰였다. 하지만 글을 모르는 서민에게 마녀의 모습과 행위를 생동감 있게 전달한 매체는 목판화였다. 대량으로 나돌던 마녀 판화가 의심의 씨앗을 뿌리고 밀고를 부추겼다.

가톨릭과 프로테스탄트를 막론하고 근세에 이르는 긴 세월 동안, 마녀사냥의 폭풍은 브로켄산의 우렛소리에 비할 만큼 맹렬한 기세로 유럽 전역에 휘몰아쳤다. 대부분 서민 여성이 었던 용의자는 마녀의 다섯 가지 조건(주술을 행하는가, 악마와 결

〈사바트에 가는 마녀들 Witches going to their Sabbath〉

루이스 리카르도 팔레로 Luis Ricardo Falero, 1878
스페인 화가 팔레로의 관능미 넘치는 사바트.
수산양, 검은 고양이, 박쥐, 빗자루 등
악마에 관한 요소도 충실히 그려 넣었다.

69

탁했는가, 악마와 성교를 했는가, 하늘을 나는가, 사바트에 출석했는가)에 부합하는지를 나체로 심문받았고, 온갖 고문을 당하여 자신의 죄는 물론 동료의 이름까지 자백하도록 내몰리다가 끝내 공개 처형되었다. 그들은 대부분 산 채로 화형을 당했다.

이 광신적인 집단 히스테리의 선봉에 나선 이들은 사회 지배층과 종교인, 지식인이었다.

대표적으로는《악마론Daemonologie》을 저술하고 마법 단속법을 강화한 잉글랜드 왕 제임스 1세가 있었다. 하지만 지금에 와서는 대체 그들 중에서 몇 명이나 진심으로 마녀의 존재를 믿었을지 의심스럽다. 밀 가격과 마녀사냥의 명백한 연관성을 보면 마녀 박해가 사회 불만의 배출구였다는 의혹이 싹튼다. 처형된 마녀의 재산을 공공유산으로 몰수한 지역에 마녀가 눈에 띄게 많았다는 사실은 또 어떠한가. 게다가 심문 기록을 읽으면 굳이 심리학자가 아니어도 심문관의 가학성과 억압된 성적 취향이 역력히 보인다.

마녀사냥의 실상을 알면 알수록 사람이라는 사실이 싫어진다.✳

마녀재판 종식 후의 독일

　마지막 마녀재판이 언제인가에 대해서는 이견이 있지만 보통 1782년 스위스에서 열린 재판으로 본다. 프랑스 혁명이 코앞으로 다가왔던 시기까지 마녀사냥이 자행되었다는 사실에 암담함을 느끼지 않는 사람은 없으리라. 마녀로 몰려 죽은 사람이 몇 명인지 정확히는 알 수 없다. 연구자에 따라 4만 명에서 수십만, 수백만까지 격차가 매우 크다. 물론 어떤 연구든 고문받다가 죽은 사람은 포함하지 않았다.

　현재 브로켄산이 있는 하르츠에서는 발푸르기스 축제가 개최되고 전 세계 관광객들은 마녀 차림을 하고 몰려든다. 마녀사냥의 희생자가 독일에서 압도적으로 많다는 흑역사는 잊히고 산악열차까지 운행하는 브로켄산은 밝은 분위기의 관광지가 되었다.

　그런데 실은 한 단계 더 있다. 마녀재판이 종식되고 1세기 이상이 지나 제2차 세계대전도 종결된 후 독일은 동서로 분단되었다. 하르츠에는 공산주의 국가와 자본주의 국가를 나누는 국경선이 그어졌고, 동독 영토에 포함된 브로켄산 정상에는 소련의 비밀 군사기지가 세워졌다. 주위는 봉쇄되었고 1989년 베를린 장벽이 붕괴하기까지 관계자 외 접근 금지 구역이었다. 마녀 축제를 마음껏 즐길 수 있는 지금은 얼마나 평화롭고 행복한가. ✴

제9화 개구리 비

 일어날 리 없는 일이 일어나다

1999년 개봉한 폴 토머스 앤더슨 감독의 영화 〈매그놀리아〉는 절묘한 세 가지 실제 사건을 다큐멘터리 형식으로 소개하며 시작한다. 거듭되는 우연이 빚어낸 사건들은 도무지 현실이라고는 믿어지지 않지만, "그럼에도 불구하고 그 일은 일어났다." 이를테면 아파트 옥상에서 뛰어내린 청년은 놀랍게도 총에 맞아 죽었다. 떨어지는 도중에 어떤 방에서 발사한 총탄이 청년의 몸을 관통했기 때문이다. 게다가 총을 쏜 사람은 청년의 어머니였다! 고의가 아니었다. 부부 갈등을 겪던 청년의 어머니는 남편을 총으로 위협하다가 방아쇠

를 당겼다. 설마 아들이 떨어지는 중이라고는 생각지도 못하고. 게다가 탄환은 남편을 맞추지도 못한 채 유리창을 부수고 우연히 그 순간 그 경로로 떨어지던 아들에게 명중했다. 천문학적인 확률을 뚫지 않고서야 불가능한 사고다. 하지만 그 일은 일어났다.

이제 본편이 시작된다. 영화는 주요 인물 9명의 서로 뒤얽힌 실을 교묘하게 그린다. 저마다 마음에 깊은 상처를 안고 인생과 악전고투하면서도 조금씩 비탈을 미끄러져 내려가다가 피할 길 없는 궁지에 몰린 찰나, 그 일은 일어난다. 갑작스런 호우. 그런데 하늘에서 내리는 것은 물이 아니라 개구리다. 수천 마리의 개구리가 바닥으로 내리친다. 놀라움이 사그라지자 주인공들은 마치 단비를 맞고 되살아나는 초목처럼 재생한다.

개구리 비, 실은 터무니없는 상상이 아니다. 이 사실을 아느냐 모르느냐에 따라 영화의 여운은 꽤 달라지지 않을까.

이상한 것이 내려온다

내릴 리 없는 것이 내린다. 이러한 현상을 지금은 파프롯스키스Fafrotskies라고 한다. 하늘에서 떨어지는 것, Falls from the Skies의 글자를 이어서 만든 단어다. 하늘에서 내리는 것의 사례로는 개구리가 많지만 한마디로 '이상한 것'이다. 올

챙이, 물고기, 거북이나 작은 악어, 식물, 금화, 심지어 피가 내리기도 한다. 가장 오래된 목격담은, 놀라지 마시라, 무려 2,000년 전 고대 로마 시대로 거슬러 올라간다. 기록을 남긴 사람은 기원전 1세기의 박물학자 가이우스 플리니우스 세쿤두스Gaius Plinius Secundus와 2세기의 저술가 아테나이오스Athenaeus 다. 플리니우스는 '우유나 피가 비처럼 내리는 일도 있다'고, 아테나이오스는 '어마어마한 수의 개구리가 내려서 길과 집이 온통 개구리로 뒤덮였다'고 썼다. 그 뒤로 기록은 오랫동안 끊겼다가 근대에 이르러 다시 나타난다. 16세기 이탈리아 책에는 하늘에서 내리는 물고기를 그린 삽화가 실렸고 17세기 영국인의 편지에는 개구리 비에 관한 보고가 있다. 18세기에는 물고기가 억수같이 쏟아지는 루마니아의 풍경이 목판화로 남기도 했다.

시간이 흐르면서 유럽만이 아니라 세계 곳곳에서 유사한 현상이 구전되었다는 사실이 드러났다. 일본 에도시대의 백과사전《화한삼재도회和漢三才圖會》에도 무명실 같은 것이 내려온 괴우의 기록이 있다. 19세기 이후에는 괴현상 자체가 늘어난 것인지 기록하는 사람이 많아졌을 뿐인지는 명확하지 않지만 목격 정보가 현격히 증가한다. 1949년에는 미국 생물학자가 과학 학술지《사이언스》에 물고기 비에 관한 글을 투고했다. 2009년 일본 이시카와현에 100마리가 넘는 올챙이가 비처럼 내려왔다는 신문 기사는 아직도 기억에 선명하

〈파프롯스키스 현상을 그린 판화〉
《북방민족의 역사 Historia de Gentibus Septentrionalibus》, 16세기
그림 왼쪽에 배가 보인다.
항구 마을에서 실제로 일어난 물고기 비 사건을 표현했다.

다. 인터넷에서 사진도 찾아볼 수 있다. 〈매그놀리아〉의 무시무시한 개구리 비는 1901년 미국 미니애폴리스에서 일어난 실제 사건이 바탕인 것으로 추측된다. 무려 마을 네 블록이 개구리로 뒤덮인 사건이다.

그런데 현대의 문명인인 우리가 이 현상을 해명했는가 하면, 전혀 그러지 못했다. 많은 가설이 있지만 누구나 수긍할 만한 것은 나오지 않았다. 회오리바람이 원인이라는 주장은 특정한 한두 종류만 떨어지는 이유를 설명하지 못한다. 새가 입으로 물어서 떨어뜨렸다는 가설은 대량 낙하를 설명하기

75

에는 불충분한 데다 새 무리를 목격했다는 증언도 없다. 순간이동설이나 우주인의 실험설은 헛소리 취급이다. 장난일 뿐이라는 견해에도 일리가 없지는 않지만, 전부 거짓으로 치부하기에는 사례가 너무 많다. 착각설도 마찬가지다. 생뚱맞은 곳에 물고기나 개구리가 너부러져 있는 모습만 보고도 하늘에서 떨어졌다고 굳게 믿거나 더 나아가서는 떨어지는 광경을 봤다고 착각하는 것이 인간의 심리라는 주장이다. 하지만 앞서 언급한 생물학자는 레스토랑에서 식사를 하다가 종업원이 알려준 덕분에 하늘에서 떨어지는 물고기를 분명히 목격했다고 기록한다. 미니애폴리스에서 일어난 사건 또한 목격자가 꽤 많아서 착각이라는 가설은 성립하지 않는다. 애초에 개구리가 많은 이유는 무엇일까? 참으로 난해하다. 수수께끼는 풀리지 않았지만 그래도 그 일은 일어났고 지금도 일어나고 있다. 인지를 넘어선 파프롯스키스 현상을 과학적으로 설명할 날이 올까. 그렇다면 이그노벨상 수상은 따 놓은 당상이다.❋

제10화 드라큘라

 루마니아의 역사

　2015년, 한 뉴스가 로이터통신을 통해 세계로 전해졌다. 루마니아에서 개최한 음악 축제가 헌혈센터와 제휴를 맺고 시민들에게 보낸 호소였다. "우리는 심각한 문제bloody problem에 직면해 있다. 피blood를 원하는 것은 흡혈귀만이 아니다. 빨아먹지 말고 기증하라!" 헌혈하면 축제의 티켓을 할인해 준다는 소식이었다.

　이 얼마나 재치 있는 광고인가. 루마니아와 흡혈귀의 밀접한 관계를 떠올리게 하며, 교묘한 관광홍보 효과도 있다. 최근 드라큘라성으로 유명해진 브란성의 인기에 힘입어 유럽

내의 존재감을 높이겠다는 의욕까지 드러내는 훌륭한 광고다.

　루마니아가 국가의 형태를 갖춘 것은 그리 오래되지 않았다. 고대 로마 시대에는 야만인이 사는 변두리 지역 취급을 받다가 곧 제국에 정복되었다. 14세기에 이르러서야 겨우 왈라키아 공국과 몰다비아 공국이 세워졌으나 오스만 제국과 전쟁을 거듭하다 결국 굴복하고 지배당했다. 19세기 중반 드디어 루마니아 공국이 탄생했지만 국제사회에서 독립국으로 공인된 것은 1878년이다('루마니아'는 '로마인의 나라'를 뜻하며, 스스로를 로마인의 자손으로 선언한 셈이다). 독립 후에도 평탄한 길은 아니었다. 제2차 세계대전 당시에는 독일, 이탈리아, 일본과 함께 추축국 측에서 싸우다가 패전했다. 전후에는 소련에 의해 왕정이 폐지되고 공산주의화되었으며 1965년부터는 희대의 독재자 니콜라에 차우셰스쿠의 독재정권이 20년 이상 이어졌다(그가 체조 요정이라 불린 나디아 코마네치에게 아들과의 만남을 강요했다는 소문도 있다). 이윽고 베를린 장벽이 무너진 1989년에, 루마니아에서도 혁명이 발발하였고 차우셰스쿠는 부총리를 역임한 아내 엘레나와 함께 수도 부쿠레슈티에서 달아났지만 트르고비슈테에서 붙잡혔다. 부부는 즉각 군사재판으로 넘겨졌고 6만 명에 이르는 국민 학살과 부정 축재 죄목으로 당일 총살되었다. 12월 25일 크리스마스였다. 처형 장면 일부는 생중계되어 세계를 충격에 빠뜨렸으니 기억하는

사람도 적지 않을 것이다. ✤

 꿰뚫는 자, 블라드 3세

피비린내가 진동하는 이 사건이 공교롭게도 트르고비슈테에서 일어났다니, 이쯤 되면 운명에 가까운 무언가를 느끼지 않을 수 없다. 왜냐하면 이 마을은 드라큘라와도 인연이 각별하기 때문이다. 지금은 앙상한 잔해만 남아있지만 한때 이곳에는 왈라키아 공국의 군주 블라드 3세(1431~1476)의 거성이 있었다(현재는 주변 건물과 함께 박물관으로 공개되어 있다). 트란실바니아에서 태어난 블라드 3세, 그가 바로 블라드 체페슈 또는 블라드 드러쿨레아Drăculea라는 두 이름으로 알려진 전설의 인물이다. 루마니아인에게는 투르크군을 잠시나마 격퇴한 영웅이기도 하다.

체페슈는 '꿰뚫는 자'라는 뜻으로, 문자 그대로 수많은 적과 배신자를 꼬챙이형에 처한 것에서 유래했다. 또 다른 이름인 드러쿨레아는 처음부터 흡혈귀와 연관된 것은 아니었다. '용의 기사단'의 일원이 된 아버지 블라드 2세가 용왕이라는 뜻의 '블라드 드러쿨Drăcul'이라는 이름을 하사받았고, 그의 아들인 블라드 3세가 '드러쿨의 아들' 내지 '용의 아들'을 의미하는 드러쿨레아로 불리게 되었다. 재미있게도 드러쿨에는 용 외에도 악마라는 뜻이 있었는데, 블라드 3세의 잔

〈드라큘라의 모델이 된 블라드 3세의 초상〉
작가 미상, 1560

혹함이 입에 오르내리면서 악마의 의미가 더욱 강해졌다. 그
의 잔인한 성정을 잘 보여주는 일화가 있다. 투르크 정찰병
이 성에서 멀리 떨어진 숲을 탐색하다가 반원형으로 1.5킬로
미터가량 늘어선 크고 작은 말뚝과 그 위에 꽂혀 있는 투르
크 포로의 시체 몇만 구를 발견했다. 그 소름 끼치는 광경을
목격한 병사들은 겁에 질려 서둘러 철수했다고 한다. 전란의
시대인 만큼 믿음이 간다. 동시대의 연대기에는 이런 기록도
있다. 블라드 3세가 빈민과 걸인, 병인을 트르고비슈테의 한

건물에 모아놓고 통째로 불태워 죽인 후 이제 나라가 풍요로 워질 것이라 호언장담했다는 것이다. 고문당하거나 산산이 찢기는 사람을 보면서 식사를 즐겼다는 둥 피를 보는 것을 좋아한다는 둥 '드러쿨의 아들이자 꿰뚫는 자'에 대한 소문 은 갈수록 음산해지며 흡혈귀다운 면모를 갖춰갔다.

트르고비슈테에 그의 거성이 현존하지 않는 것도 전설 측 면에서는 오히려 다행이다. 평지에 지은 성보다는 가파른 산 에 우뚝 선 성이 훨씬 분위기 있지 않은가. 트르고비슈테의 가파른 절벽에 세운 브란성은 그의 할아버지인 미르체아 1세 의 거성이라 블라드 3세는 극히 단기간 사용했을 뿐이지만, 드라쿨라성이라는 이름에 걸맞게 찌를 듯이 하늘로 날카롭 게 솟은 핏빛 첨탑으로 위엄을 과시한다. 이리하여 브램 스 토커의 소설 《드라쿨라》 탄생의 기반은 다져진 것이다.✽

 ## 소설 《드라쿨라》

아일랜드 작가 브램 스토커가 영국에서 《드라쿨라》를 발 표한 1897년 이후, 그의 작품은 오늘날에 이르기까지 공포 소설의 고전으로 세계 독자의 사랑을 듬뿍 받아왔다. 영화로 도 수없이 제작되면서 드라쿨라는 흡혈귀의 대명사로 자리 잡았다. 그러나 사실 죽은 자가 되살아나서 산 자의 피를 빨 아먹는 흡혈귀 전설은 놀라울 정도로 오랜 시간 동안 다양한

명칭으로 세계 곳곳에 존재해왔다. 유럽에서도 이미 고대 그리스 시대부터 있었다고 전해진다. 하지만 뱀파이어vampire라는 용어 자체는 18세기 이후에 처음 등장했다. 여러 가설이 있지만 리투아니아어의 '마시다wempti'에서 왔다고 한다. 흡혈귀 신앙은 죽고 싶지 않은, 죽어도 살고 싶다는, 삶을 향한 인간의 섬뜩한 집착에서 출발한 듯하다. 그 집착에 다양한 요소가 흘러들어왔다. 유럽을 초토화한 흑사병 재앙, 피를 신성히 여기는 기독교, 불로불사를 추구한 연금술, 지나치게 서둘렀던 매장, 썩지 않는 시체, 죽은 자에 대한 미련, 흡혈박쥐, 혈액 매개 질병 등이 이리저리 꼬여서 뱀파이어라는 형태로 응축되었다.

되살아난 망자 목격담은 당연하게도 중세의 어둠이 걷히며 눈에 띄게 줄었지만 18세기 말 낭만주의 시대부터 다시 극적으로 타올랐다. 계몽주의와 물질주의에 대한 반감이 초자연적 존재를 믿던 과거를 돌이켜보도록 재촉한 것이다. 물론 뱀파이어도 부활했다. 존 윌리엄 폴리도리가 바이런 경의 이름으로 발표한 《뱀파이어The Vampire: A Tale》, 테오필 고티에의 〈사랑에 빠진 죽은 여인〉, 셰리던 르 파뉴의 《카르밀라》를 비롯하여 수많은 통속소설도 줄지어 나왔는데, 그런 온갖 흡혈귀 작품의 집대성이라고 할 만한 것이 바로 《드라큘라》였다. 지식인이자 학구파였던 스토커는 새로운 흡혈귀 소설을 집필하기 위해 관련 저작물과 민간전승 자료를 닥치는 대로 읽

고 대학교수에게 가르침을 청하는 등 방대한 자료를 수집했고, 그 과정에서 블라드 3세를 맞닥뜨렸다. 주인공 이름을 드라큘라로 정한 이유는 그 이국적인 울림에 이끌렸기 때문이다. 머나먼 땅 트란실바니아에 거성을 지닌 고귀하고 미스터리한 백작이라는 설정도 엑조티시즘exoticism의 효과를 충분히 고려한 장치였다.

소설은 기록 형식으로 구성된다. 영국 청년 조너선 하커의 일기, 그의 약혼자 미나와 친구 루시의 편지, 의사의 일기, 신문 기사, 흡혈귀 사냥꾼 반 헬싱의 수기 등이 서로 교차하는 구성은 드라큘라의 전모를 조금씩 드러내면서 독자에게 이들이 마치 현실 세계에 존재하는 듯한 착각을 불러 일으킨다. 저자는 트란실바니아 땅을 한 번도 밟은 적이 없는데도 특유의 분위기를 놀랍도록 선명하게 그려냈다. 루마니아 중부에 위치한 이 일대는 카르파티아산맥과 남카르파티아산맥(트란실바니아산맥)으로 둘러싸여 교통이 불편했고, 당시 주민 대부분은 글을 읽지 못하는 극빈층인 데다 계몽의 빛도 좀처럼 비추지 않았기 때문에 중세시대의 미신이 잔존했다고 전해진다. 그들의 마음속에는 늑대와 마찬가지로 흡혈귀도 실존했다. 마귀를 쫓기 위해서 처마에 마늘을 걸어두기도 했다. 드라큘라의 무대로 이보다 완벽한 곳이 있을까. 드라큘라 백작은 이곳에서 태어나 대도시 런던으로 건너가서 사방팔방에 공포를 퍼트린다.✺

드라큘라 백작의 매력

　처음 등장할 때 드라큘라 백작은 흰 수염을 기른 노쇠한 모습이지만, 사람의 피를 마시고 나면 다시 젊어지고 머리카락도 검게 물든다. 커다란 키에 독수리처럼 용맹한 얼굴, 두꺼운 눈썹과 창백한 피부, 선명한 핏빛 입술 사이로 보이는 날카로운 송곳니, 그리고 심도 있는 교양과 귀족 신분에 어울리는 행동거지. 하지만 그는 햇빛과 마늘과 십자가를 두려워하고, 거울에는 그의 형상이 비치지 않는다. 해가 뜨면 지하에 있는 관에서 자다가 밤이 되면 일어나서 피를 찾아 헤맨다. 드라큘라 백작의 매력은 초인적 존재인데도 불구하고 평범한 사람에게는 대수롭지 않은 것이 아킬레스건으로 작용한다는 점, 그리고 무엇보다 상대를 황홀한 죽음으로 이끌며 관능적 공포를 불러일으킨다는 점에 있다. 포악하기만 했던 블라드 3세와도, 범죄자나 자살자 혹은 파문된 자였던 전설 속 흡혈귀와도 결정적으로 다르다. 다분히 영상적인 스토커의 소설은 시대가 낳은 영화라는 신기술과 만나서 행복한 결혼식을 올린다. 드라큘라는 무성영화와 발성영화가 되고, 이윽고 유색영화로 변신하여 우리의 깊은 무의식까지 파고들며 매력을 한층 더해갈 따름이다. 드라큘라의 상징과도 같은 검고 긴 망토는 영화를 통해 덧붙여졌다.

　회화에서 끊임없이 다루어 온 '죽음과 소녀' 모티프를 떠올

려 보자. 처음에는 단순히 삶 가까이에 존재하는 죽음을 표현한 주제에 지나지 않았다. 그런데 점차 삶(생명을 누리는 젊고 아름다운 나체의 여성)을 무정히 저승으로 데려가는 죽음(해골)의 모습으로 변모하고, 곧이어 삶을 유린하는 죽음으로까지 나아간다. 죽음이 모자 달린 망토나 날개로 추악한 겉모습을 탈피하자 삶도 차츰 죽음에 매료된다. 이 단계에서 드라큘라와 연결된다. 현대의 드라큘라는 에로스와 타나토스, 삶의 본능과 죽음의 본능이 자아내는 아찔한 도취를 약속하는 존재다. 그의 앞에서 느끼는 전율은 죽음에 대한 두려움일까, 아니면 황홀의 예감에서 기인한 떨림일까……

드라큘라가 어둠의 슈퍼스타가 된 이유는 틀림없이 여기에 있다. ❉

제11화 개의 자살

 자살하는 개

개가 스스로 목숨을 끊을 수 있을까? 일본의 작가 요시무라 아키라의 《하늘을 노닐다天に遊ぶ》는 실제 사건을 바탕으로 하는 짧은 소설을 엮은 단편집인데, 그중에서 〈자살自殺〉은 이런 이야기다. 한 남자가 기운이 없는 반려견을 동물병원에 데려가고, 수의사는 개에게 말기 암 판정을 내리면서 이제부터 고통이 심할 것이라며 안락사를 제안한다. 남자가 개와 함께 집으로 돌아가자, 이제껏 한 번도 혼자 밖으로 나간 적 없던 개가 돌연 맹렬히 달려 나가더니 혼잡한 도로로 뛰어들었다. 개는 차에 치여서 즉사했다. 자살 같았다.

비슷한 일을 겪은 친구도 있다. 아파트 고층에서 중형견과 둘이 살았는데, 언제나 베란다 문을 살짝 열어두고 외출했다. 개는 높은 곳을 무서워하는 터라 지금까지 한 번도 베란다로 나간 적이 없었다. 그런데 어느 날 집에 돌아가니 개는 베란다에서 떨어져 죽어 있었다. 현장을 조사한 경찰은 개가 문을 열고 베란다로 나가서 좁은 난간 틈을 억지로 비집고 스스로 뛰어내렸다는 결론을 내렸다. 왜 그랬을까, 친구는 혼란스러워했다.❁

개가 뛰어내리는 다리

스코틀랜드 덤바턴Dumbarton에는 오버툰 하우스Overtoun House라는 성이 있다. 19세기 중반 이후에 지어졌지만 중세풍 탑을 지닌 스코틀랜드 남작 양식 건축물이다. 30여 년이 지나 성과 마을을 가로막고 있던 강에 돌다리가 놓였다. 별다른 특징도 흥취도 없는 다리지만 해질녘 짙은 안개가 끼면 눈앞에 우뚝 솟은 의고擬古성과 어우러져 오싹한 분위기를 자아냈을 것이다. 반세기가 더 지난 1950년 즈음부터 오버툰 다리에서 끔찍한 일이 일어나기 시작했다. 그런데 사건은 안개나 어둠과는 거리가 먼 화창한 대낮에, 게다가 항상 다리 위 특정한 장소에서 일어났다. 자살교라는 오명도 따라붙었다. 다만 13미터 높이에서 떨어져 죽는 것은 사람이 아니라 개였

다. 그것도 콜리나 레트리버처럼 코가 긴 대형 사냥개뿐이었다.

　지금까지 이 다리에서 목숨을 잃은 개가 몇 마리인지는 분명치 않다. 50마리, 아니, 600마리라는 소문도 있지만, 실제로 반려견과 다리를 산책하는데 갑자기 개가 목줄을 뿌리치고 아래로 뛰어들었다거나 뛰어들려 했다고 증언하는 사람은 그리 많지 않다. 떨어지고도 구사일생으로 살아난 개도 있으니 기껏해야 대여섯 마리가 죽었을 뿐이라고 생각하는 사람도 있다. 하지만 오버툰 다리에서 떨어지려 했던 개가 상당수 있었던 것은 틀림없는 사실이다. 다리에는 몇 년 전 표지판까지 세워졌다. 개를 데리고 다리를 건널 때는 목줄을 잘 잡으라는 경고문이다.✾

 다리의 수수께끼

　오버툰 다리의 수수께끼를 풀기 위해 다양한 주장이 제기되었다. 이 땅이 켈트 신화 속 영계와 가깝다고 여겨지는 '얇은 곳thin place'이기 때문이라던가, 성의 유령이 개를 유혹한다던가, 혹자는 수 킬로미터 앞 군항에 정박해 있는 잠수함의 음파탐지기에서 소음이 발생하여 개의 청각을 교란했다고도 한다. 하지만 어떤 주장도 충분한 설득력을 갖추지는 못했다.

한편 근래 가장 과학적으로 타당하다고 여겨지는 가설은 후각설이다. 오버툰 다리 밑에는 밍크가 군생하고 있어서 화창한 날이면 밍크 냄새가 다리 위까지 풍겨오고, 사냥본능이 강한 개가 앞뒤 재지 않고 달려든다는 것이다. 마치 개다래에 취한 고양이처럼 말이다. 그런데 과연 사냥견이 그렇게까지 어리석을까? 그 점에 대해서는 다리 밑에 관목이 무성하여 높이를 착각했을 가능성이 있다고 덧붙인다. 물론 이 또한 명쾌한 해답은 아니다. 하고많은 다리 중에서 오버툰 다리에서만 매력적인 밍크의 향기(?)가 피어오른다는 주장은 어딘가 부자연스럽다. 다른 다리에서도 유사한 이상행동이 나타나지 않는 한 의혹은 여전히 남는다. 또한 한 번 뛰어내린 개가 다리로 돌아와서 다시 뛰어내렸다는 목격 정보도 있는데, 사실이라면 후각설의 입지는 더더욱 흔들린다.

애초에 이 현상을 과학적으로 검증하려는 이유는 개에게 자살할 만한 지능이나 의식이 없다고 전제하기 때문이다. 사람과 짐승을 뚜렷이 구분하는 기독교적 관점에서는 맞는 말이지만, 사람이 짐승이나 벌레로도 다시 태어날 수 있다는 윤회사상으로 보면 개의 자살도 한층 받아들이기 쉽다. 왜 하필 오버툰 다리인지는 여전히 의문이지만 말이다. 혹시 개의 자살은 세계 곳곳에서 상상 이상으로 많이 일어나는 것 아닐까.

그런데 사실 그보다 더 많이 일어나는 것은 수의사의 자살

인 듯하다.

스위스 일간지 《노이에 취르허 차이퉁Neue Zürcher Zeitung》에 따르면 스스로 목숨을 끊는 수의사는 사람을 치료하는 의사보다도 2배 더 많다. 어쩌면 동물을 사랑하는 수의사에게 수명이 짧은 동물의 잦은 죽음이 감당하기 힘든 스트레스로 다가오는지도 모르겠다.✿

제12화 백악관의 유령

 링컨의 유령

　미국 대통령의 공저이자 정권의 중추이기도 한 백악관에 유령이, 그것도 에이브러햄 링컨의 유령이 나온다는 사실은 미국에서는 모르는 사람이 없다고 한다.

　역대 가장 높은 인기를 자랑하는 대통령답게 그의 유령을 봤다는 사람도 쟁쟁하다. 영국 총리 윈스턴 처칠, 네덜란드 여왕 빌헬미나, 미국의 32대 대통령 프랭클린 루스벨트의 아내 엘리너 루스벨트, 34대 대통령 드와이트 아이젠하워의 공보비서관 제임스 해거티, 33대 대통령 해리 트루먼의 딸,

40대 대통령 로널드 레이건의 딸······.

여기에 백악관 직원들까지 포함하면 목격자는 50명을 족히 넘길 것이다. 링컨의 유령은 창문으로 포토맥강을 바라보기도 하고, 때로는 손님방의 문을 두드리거나 홀을 거닌다고 한다. 유령과 맞닥뜨려 기절한 여성도 있다고는 하지만, 기껏해야 200년 남짓 된 건물인 데다가 벽이 온통 하얀색이라서 그런지 유령에게도 박력이 모자라다. 피로 얼룩진 천 년 역사의 고성 런던탑의 공포와는 비교가 안 된다. 생전 링컨이 꿨다는 예지몽도 유명하다. 그는 암살되기 불과 며칠 전 영부인과 친구에게 꿈 이야기를 했다. 백악관 이스트룸에 관이 놓여 있고 모두 울고 있기에 누가 죽었느냐고 물으니 대통령이 암살당했다는 대답이 돌아왔다는 것이다. 이러한 구전이나 유령 일화는 과연 어디까지 증명할 수 있을까? 제아무리 마음속으로 굳게 믿는 목격자라도 많은 사람 앞에서 새삼 되묻는다면 부정할지도 모른다. 유령 이야기만큼 설명하기도, 다른 사람을 설득하기도 어려운 이야기는 없으니까.✽

 ## 링컨과 케네디의 기묘한 공통점

하지만 세상의 미스터리를 느끼고 싶다면 사실의 나열만으로도 충분하다. 에이브러햄 링컨과 존 케네디가 보여주는 우연의 일치처럼. 링컨은 '국민의, 국민에 의한, 국민을 위한

〈암살되기 직전의 케네디 대통령〉
빅터 휴고 킹Victor Hugo King의 사진, 1963

정치'를 주창한 연설과 남북전쟁 종결 및 노예해방 선언 발표로 역사에 이름을 남겼다. 하지만 연극을 관람하던 중 노예해방에 반대하는 암살자의 총에 맞아서 유명을 달리했다. 35대 대통령 존 케네디 또한 인종차별 문제와 씨름했으며, 쿠바 위기를 극복하고 우주 개발 및 소련과의 협상 외교에도 성과를 끌어내 기대를 한 몸에 받았다. 하지만 댈러스에서 자동차 퍼레이드 유세를 하던 중 저격당했다. 두 사람이 활약한 시기는 1세기에 가까운 시차가 있지만 비슷한 점이 이상하리만치 많다.✲

링컨과 케네디의 기묘한 공통점

링컨이 연방 하원의원에 초선으로 당선된 해는 1846년이다. 그로부터 100년 후인 1946년 케네디가 연방 하원의원에 처음 당선되었다.

링컨이 **대통령**으로 당선된 해는 1860년이고, 케네디**는** 정확히 100년 뒤인 1960년에 **대통령** 선거에서 승리하였다.

대통령 선거에서 링컨의 **상대** 후보였던 스티븐 더글러스**는** 1813년생, 케네디의 **상대**였던 리처드 닉**슨은** 100년 뒤인 1913 **년**생이다.

케네디의 비서 중 하나의 이름은 링컨이었다.

링컨은 포드 극장에서, 케네디**는** 포드사의 링컨 자동차에 타 고 있다가 총에 맞았다.

암살자**는** 둘 다 후두부를 노렸다. 대중 앞에서 암살할 때는 보 통 가슴을 노리**는**데도 불구하고.

둘은 엄중한 호위를 꺼렸다. 링컨은 극장 관람석에 경호원을 두지 않았고, 케네디는 컨버터블 자동차의 지붕을 열고 손을 흔들었다.

암살된 날은 금요일이었다. 금요일은 예수가 십자가형에 처해진 요일이라 기독교인에게는 특별한 의미를 지닌다.
곁에 아내가 있었지만 둘 다 무사했고, 함께 있던 커플 중 남자는 중상을 입었다. 링컨과 동석했던 커플은 헨리 래스본 소령과 그의 약혼자였다. 소령은 범인에게 덤벼들었을 때 칼에 찔렸다. 케네디와 함께 차를 탄 커플은 텍사스 주지사 존 코널리와 그의 아내였고 총탄이 지사의 몸을 관통했다.

링컨을 죽인 존 윌크스 부스와 케네디를 죽인 리 하비 오즈월드는 재판에 넘겨지기 전에 사살되었다. 전자는 도망가는 도중 경관에게, 후자는 호송 도중 잭 루비에게.

부스는 극장에서 총을 쏜 후 창고로 도망쳤다. 오즈월드는 창고에서 총을 쏜 후 극장으로 숨어들었다.

직책을 이어받은 부대통령은 둘 다 남부 출신의 민주당원이며 이름은 존슨이다. 앤드루 존슨은 1808년에, 린든 존슨은 100년 후인 1908년에 태어났다.

THE ASSASSINATION OF PRESIDENT LINCOLN.
AT FORD'S THEATRE WASHINGTON, D.C.APRIL, 14TH 1865.

〈연극 관람 도중 총에 맞은 링컨 대통령〉
커리어 앤드 아이브스Currier and Ives사의 판화, 1865
극장의 2층 발코니석.
암살자의 피스톨이 흰 연기를 토해낸다(당시 총은 그랬다).
옆에 앉은 부인은 총소리에 놀란 모습이다.
맨 왼쪽의 래스본 소령은 이미 자리에서 일어나
범인에게 돌진하려 하고 있다.

제13화 엑소시스트

 21세기의 엑소시스트

벌써 10년도 더 된 일이지만 당시 미국에서 수녀로 지내던 친구가 흥미로운 이야기를 해주었다. 구마 자격이 있는 신부의 경험담이었다. 한 가족이 집을 구입했는데 알고 보니 악마가 깃든 집이었고, 온갖 이상하고 불행한 일이 계속되어 고민 끝에 구마를 의뢰했다. 신부가 가서 보니 집에 온통 탁한 기운이 가득했는데 갓난아기가 있는 방만 맑았다. 며칠 동안 구마 의식을 진행하여 일단락을 지었지만 결국 가족은 이사했다.

끝이다.

97

속세의 인간인 나로서는 의식이 어떻게 진행됐는지도 자세히 알고 싶고 악마가 아직 집에 들러붙어 있는지도 궁금하지만, 친구는 그런 것에 관심이 없어서 전혀 묻지 않았다고 한다. 구마사제가 워낙 적어서 직접 만날 기회가 드무니 친구에게는 신학적인 가르침이 더 중요했다는 것이다. 그건 그렇고 21세기에도 여전히 구마사의 역할이 남아있다는 사실에 당시에는 꽤 놀랐다. 물론 윌리엄 프리드킨 감독의 영화 〈엑소시스트〉(1973)는 봤고 애초에 구마사의 존재도 이 영화를 통해서 알았지만 어디까지나 픽션의 영역에 그친다고 생각했다.✽

 악마에게 홀린 여성

그런데 영화가 개봉하고 3년이 지난 1976년, 독일에서 한 사건이 발생했다. 아넬리제 미헬이라는 20대 여성에게 악마가 씌었다고 믿은 부모가 구마사 두 명에게 구마를 의뢰한 것이 발단이었다. 구마사들은 아넬리제에게 루시퍼, 카인, 유다, 히틀러 따위가 씌어 있다고 주장하며 10개월에 걸쳐 70회가량 가혹한 의식을 치렀다. 결국 아넬리제는 영양실조와 탈수증세로 죽음에 이르렀다. 그녀가 사망할 당시 체중은 30킬로그램까지 줄었고 무릎을 꿇기만 했는데도 골절될 정도로 쇠약했다. 구마사와 부모는 기소되었고 태만에 따른 과

실치사로 전원 유죄를 선고받았다. 의식을 허가한 가톨릭교회에도 비난이 쏟아졌다. 사건이 세계를 뒤흔들었고 구마 의식에 대한 규제가 엄격해졌다는 소식이 바다 건너까지 들려왔으니 구마사는 거의 소멸했다고만 생각했다. 그런데 그렇지도 않았다. 2005년에 교황으로 선출된 베네딕토 16세가 전임 교황과는 다르게 구마 의식을 폭넓게 지지한 것이다. 이후 구마사의 수요는 급증했다고 한다. 친구가 신부를 만난 시기도 마침 그즈음이었다. 지금은 그때보다 더욱 수요가 늘어서 오히려 구마사가 부족하여 전화를 통한 원격 의식까지 행해질 정도라고 하니, 역사라는 오묘한 생물은 결코 일직선으로 걷지 않는다는 증거 아니겠는가.✽

 성서에 기록된 엑소시즘

기독교는 악마의 존재를 전제한다. 엑소시스트exorcist란 '구마 의식을 행하는 주술사 혹은 사제'라는 뜻으로, 엑소시즘 exor·cism 즉 '구마, 악령 퇴치, 액막이'를 거행하는 사람을 가리킨다. 어원은 그리스어로 '엄숙히 묻는 것, 또는 권고'라는 뜻의 exorkismos다. 즉 엑소시즘은 악령에게 권고하여 퇴거를 명하는 일이다. 이것이 엑소시즘의 주목적이며, 예나 지금이나 변함없이 교회법에서 정하는 성사聖事이기도 하다. 엑소시즘을 행한 가장 저명한 인물은 다름 아닌 예수 본인이다. 신약성서의 마태복음, 마가복음, 누가복음을 통틀어 일컫는 공관복음서에는 '가다라의 돼지' 일화가 실려 있다.

예수가 제자들과 가다라의 땅에 도착하자 묘지에 사는 두 남성이 다가왔다. 그들은 추악한 악령에 씌어 소리치고 날뛰며 자신과 타인을 해하는 통에 마을 사람 누구도 가까이하지 못했다. 그런데 예수를 마주 대하자 빙의되어 있던 악령은 두려움에 떨며 부탁했다. 인간 몸에서 쫓겨나 가량없는 곳으로 추방되느니 차라리 저기 있는 돼지에 씌게 해달라고. 예수는 말했다. "가라!" 그러자 이제껏 얌전하던 부정한 가축 돼지(유대인은 돼지를 먹지 않는다)가 돌연 공황에 빠져서 광란하며 앞다투어 달려 나갔다. 자그마치 2,000마리에 이른다고 할 만큼 어마어마한 규모의 돼지 떼가 일제히 낭떠러지로 달려가더니 까마득한 호수로 뛰어들어 모조리 익사했다.

기적을 행하는 예수의 힘이 너무나도 강력하여 미처 권고도 하기 전에 악령이 제 발로 나와서 퇴거 명령에 따른 것이다. 하지만 평범한 엑소시스트라면 어떻게 될까? 영화 〈엑소시스트〉의 노신부는 악마와의 장렬한 사투 끝에 목숨을 잃는다.

17세기 프랑스에서 실제로 일어난 '루덩의 악마' 사건은 어땠을까. ✿

루덩의 집단 빙의 사건

　파리 바깥은 아직 미지의 세계였던 루이 13세 시대의 프랑스, 중서부의 소도시 루덩Loudun에서 집단 빙의 사건이 일어났다. 1627년 이 마을에 세워진 우르술라회 수도원은 17명의 수녀가 운영하고 있었다. 여학생의 수호성인인 성 우르술라의 뜻을 받들어 모시는 우르술라회는 마땅히 여성의 교육과 육성에 힘썼으며 수녀 대부분은 귀족이나 저명인사의 딸이었다. 25세에 원장수녀가 된 '천사의 잔' 잔 데장주Jeanne des Anges 또한 속명이 잔 드 벨시에Jeanne de Belcier로, 프랑스 왕 샤를 7세까지 핏줄이 이어질 정도로 고명한 가문 출신이었다. 하지만 질병 후유증으로 불룩하게 튀어나온 등 때문에 부모에게 버림받은 뒤로 결혼이라는 선택지는 사라진 셈이었다. 같은 시기 루덩의 교회에 위르뱅 그랑디에Urbain Grandier라는 장년의 주임신부가 있었는데, 추기경을 풍자하는 시를 쓰거나 성직자의 독신주의 규율에 반대 의견을 표하는 등 사제로서는 용납되지 못할 자유분방함으로 유명한 문제 인물이었다. 그뿐만이 아니었다. 지적이고 활력 넘쳤으며 무엇보다 강렬한 성적 매력을 지녀 여자들의 흠모를 한 몸에 받았고, 결혼 여부와 무관하게 닥치는 대로 여자를 유혹하여 남자들의 미움을 샀다(그랑디에의 아이를 가진 사람도 있었다).

　1632년 수도원의 영성지도자가 죽은 뒤 원장수녀 잔은 그

1Ø1

랑디에에게 후임을 부탁하지만 그랑디에는 이를 고사했다(그가 자원하였는데 상층부에서 일축했다는 설도 있다). 그때까지 두 사람은 한 번도 얼굴을 본 적이 없다고 알려지지만, 수도원이라봐야 작은 저택이었으니 잔도 다른 수녀들도 창문으로 또는정원에서 그랑디에의 모습을 본 적은 있었을 것이다. 그의여성 편력은 무료한 시골 마을의 수도원에도 전해졌다. 누구나 그 악덕한 남자를 보면 눈살을 찌푸렸다.

그랑디에가 잔의 제안을 거절하고 얼마 지나지 않아 잔에게 악마가 씌었다. 잔은 추악한 말로 울부짖고 경련을 일으키며 구토를 하고 수도원을 마구 뛰어다녔다. 평소에는 이전과 다를 바 없이 지내다가 어떤 조짐도 없이 별안간 미친 듯이 날뛰었다. 깡마르고 등이 굽은 원장의 괴상망측한 행각에수녀들은 안절부절못하며 공포에 몸을 웅그렸다. 본가로 다시 불려간 사람도 있었다. 그런데 머지않아 마치 연이어 쓰러지는 도미노처럼 하나둘 원장에게 감염되더니 마침내 모두 악마에 씌고 말았다.✽

 아비규환에 빠진 수도원

십여 명의 수녀가 일제히 몸을 뒤틀면서 예사롭지 않은 소리로 울부짖는 모습은 장관이었다. 수도원은 비명이 그칠 날없는 아비규환에 빠졌고 곧 외부에도 숨길 수 없는 지경에

〈악마에게 홀린 루덩의 수녀들〉
제정신을 잃고 날뛰는 수녀들.
남자들은 겁에 질린 채 가만히 지켜보는 수밖에 없다.

이르렀다. 간과할 수 없는 사태인 만큼 나라 곳곳에서 학자
와 관료, 사제, 엑소시스트, 덤으로 호기심 넘치는 구경꾼까
지 모여들었다. 이들을 앞에 두고 공개 구마가 시작되었다.
구마사가 악마를 부르자 차분하던 수녀들이 순식간에 악령
의 얼굴로 변하더니, 처녀라고는 믿어지지 않을 만큼 외설적
인 말을 내뱉고 괴로움을 호소하며 바닥을 뒹굴었다. 베일이
벗겨지고, 짧게 깎은 머리가 드러나도 개의치 않고 걸걸한
목소리로 섬뜩하게 웃었고, 유랑 광대처럼 곡예를 부려서 사
람들의 간담을 서늘하게 했다. 수녀들은 제각기 말했다.

늦은 밤 그랑디에가 벽을 뚫고 침실로 들어왔다
그랑디에가 음란한 행위를 부추겼다
그랑디에가 악령을 몸에 불어넣었다
그랑디에가 그랑디에가 그랑디에가…….

그랑디에는 체포되었다. 그리고 2년에 걸친 엄중한 심문,
아니, 고문이 계속되었다. 두 눈을 잃는 순간에도 그는 악마
와의 결탁을 인정하지 않았다. 부적절한 여성 관계나 사제로
서 바람직하지 못한 행위는 시인했지만 악마에 대해서는 완
강히 부인했다. 공연히 나서지는 않았지만 그를 옹호하는 사
람도 있었다. 수녀들의 성적 욕구불만에 의한 집단 히스테리
(이런 현대용어는 사용하지 않았겠지만)를 이용하여 결백한 그랑디

에를 내쫓으려는 세력의 존재를 어렴풋이 눈치챈 것이다.

　이윽고 그랑디에가 악마와 나눈 계약서가 발견되었다. 라틴어를 거꾸로 쓴 문서였다. 누군가가 위조한 것이 분명한 이 문서를 그랑디에는 부정했지만, 재판의 향방은 이미 정해져 있었다. 시대를 잘못 타고난 루덩의 카사노바는 유죄를 선고받고 화형에 처해졌다. 1634년의 일이었다.

　이 불쾌하고 꺼림칙한 사건은 풍부한 자료 덕에 연구서도 상당히 많이 나와 있다. 역사소설로는 올더스 헉슬리의 《루덩의 악마들The Devils of Loudun》과 야로스와프 이바슈키에비치의 단편 〈천사들의 수녀 요안나Matka Joanna od Aniołów〉가 유명하다. 두 작품 모두 영화화되었다. ❄

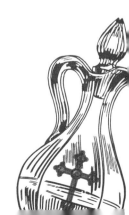

제14화 귀종유리담

 유폐된 '가면의 남자'

일본의 민속학자 오리쿠치 시노부가 정의한 귀종유리담貴種
流離譚이란, 고귀한 혈통으로 태어난 자가 모국에서 멀리 떠나
정처 없이 떠돌며 무수한 시련을 통과하여 신이나 고귀한 존
재로 거듭나는 설화의 한 유형을 가리킨다. 일반인의 눈으로
보면 바로 옆에 행색을 초라하게 꾸민 귀인이 있을지도 모른
다는 기대와도 이어진다. 정체 모를 인물을 '유리流離한 귀인'
으로 바라본 소동은 역사 속에서 몇 차례나 되풀이되었다.
먼저 태양왕 루이 14세 치하의 프랑스로 가 보자.

남자가 바스티유 감옥에서 숨을 거둔 것은 1703년이었다. 사후 즉각 남자의 소지품과 사용하던 가구, 침구, 쓰고 있던 가면까지 모조리 소각하여 그가 살았던 증거는 거의 다 지워졌다. 하지만 그를 향한 관심은 지금까지도 지워지지 않았다.

루이 14세가 남자를 34년이라는 긴 시간 동안 유폐하도록 직접 지시한 이유는 무엇일까? 감옥 소장의 정중한 대우, 근사한 의복과 식사, 악기와 정기적인 진찰, 이 모든 것을 허락하는 대신 가면이나 비단 베일을 강제로 씌우고 벗는 즉시 사형에 처하라는 엄명을 내린 이유는 무엇이며, 그는 누구였고, 무슨 일을 했을까, 왜 이렇게까지 치밀하게 세상의 눈으로부터 숨어야 했을까?

19세기 프랑스의 위대한 소설가 알렉상드르 뒤마^{Alexandre} Dumas는 '가면의 남자' 수수께끼가 지닌 매력을 한층 끌어냈다. 그는 《달타냥 로망스^{d'Artagnan Romances}》 3편에 가면의 남자를 등장시켰는데, 얼굴을 가리는 도구를 철가면으로 바꾸어 음산함을 극대화하고 그의 정체를 루이 14세의 쌍둥이 동생으로 설정했다. 그리고 비밀을 눈치챈 주인공 삼총사 중 하나가 루이 14세와 철가면을 바꿔치기하기로 하면서 정치 음모극이 펼쳐진다. 확실히 왕과 똑같이 생겼다면 바깥세상으로 내보내지 않고 죽은 목숨이나 다름없는 생애를 강요하면서도 극진히 대접할 수밖에 없을 것이다.❉

태양왕의 그림자

　루이 14세는 날 때부터 신의 선물이라고 불렸다. 탄생이 약간 특별했기 때문이다. 여자를 무척 싫어했던 루이 13세는 스페인 합스부르크가문 출신의 아내 안 도트리슈에게 별로 관심이 없었다. 그래도 부부는 왕조를 이을 의무를 완수했고 왕비는 몇 차례 임신했다. 하지만 짓궂게도 모두 유산으로 끝나자 왕은 전혀 왕비를 돌아보지 않게 되었다. 그런데 놀랍게도 결혼하고 23년이나 지난 36세의 왕비가 남자아이를 낳았다. 그야말로 기적 같은 일이었다. 그 아이가 루이 14세다. 이 믿기지 않는 일에 대해 궁정의 참새들은 바삐 입을 놀렸다. 왕이 아니라 재상 쥘 마자랭의 자식이 아닐까, 임신했다는 사실을 깨닫고 서둘러 왕과 잠자리를 가진 것 아닐까. 왕비와 재상의 관계는 이전부터 공공연한 비밀이었다. 탄생이 화려한 만큼 그림자도 짙을 것이라며 후세에도 상상은 점차 부풀어갔다. 물론 뒤마 같은 작가는 한술 더 떴다.

　《달타냥 로망스》에서 왕비는 쌍둥이를 낳지만 세간에는 비밀에 부친다. 여전히 쌍둥이를 꺼리는 풍조가 만연한 시대이기도 했지만, 그보다도 형제가 탈 없이 함께 성인이 되는 날이 오면 (로마 건국 신화의 쌍둥이 로물루스와 레무스의 혈투처럼)왕위 계승권 싸움이 일어날까 봐 걱정이었다. 그리하여 비밀리에 수양아들로 보낸 동생은 자랄수록 점점 더 태양왕을 닮아간

다. 왕은 곧 자신에게 동생이 있다는 사실을 알아차리고 그를 투옥하기로 결정한다.

뒤마의 작품은 레오나르도 디카프리오가 1인 2역을 맡은 영화 〈아이언 마스크〉로 재탄생하였다. 영화에서는 한 번 더 비틀어서, 원작에서 실패한 반역이 성공으로 끝나고 선한 동생이 악한 형 대신 왕좌에 앉아 절대 왕정을 공고히 하며 프랑스를 번영의 길로 이끈다.

이야기의 신빙성은 나중에 생각하자. 18세기 철학자 볼테르는 이미 가면의 남자를 마자랭과 왕비 사이에서 낳은 아이, 즉 왕의 이부형제라고 추리한 바 있다. 또한 뒤마의 소설보다 약 40년 앞선 시점에는 '가면의 남자는 루이 14세고 그가 감옥에서 낳은 아이가 바로 나폴레옹의 선조'라는 소문까지 돌았다!

이외에도 여러 구전이 있는데 가장 최근에는 영국 작가 해리 톰슨의 《철가면을 쓴 사나이The Man in the Iron Mask》가 화제를 모았다. 저자는 총사대 대장 프랑수아 드 카부아François de Cavoye가 루이 14세의 친아버지라고 주장한다. 카부아에게는 따로 아내가 있었고 그 사이에도 자녀가 있었는데, 그중에서 가뜩이나 왕과 닮은 셋째 아들 유스타슈 드제Eustache Dauger가 비밀을 눈치채고 왕을 협박하다가 감옥에 갇혔다는 것이다. 가면의 남자가 누구든 루이 14세와 관련이 있다는 것만은 자명하다. 수수께끼의 핵심이 '누구나 아는 얼굴'이기 때

〈철가면을 쓴 사나이|The Man In The Iron Mask〉

셀레스탱 낭퇴유·Celestin Nanteuil

알렉상드르 뒤마가 쓴 동명의 소설에서 영감을 받은 삽화

문이다. 쌍둥이든 이부형제든 이복형제든, 혹은 태양왕 본인이든, 유폐된 귀인은 기구한 운명으로 감옥에서 생을 마감했다. 30년이 넘는 세월 동안 용모가 변하여 닮은 구석도 사라지지 않았을까 싶기는 하지만……❄

 러시아의 귀종유리담

러시아는 '죽은 줄로만 알았는데 실은 살아있었던 귀인 소동'이 끝없이 반복되어 온 나라다. 광대한 영토, 다민족, 정보전달 체계의 미비, 그리고 왕정 시대에나 공산주의 체제에서나 조금도 달라지지 않은 국가의 비밀주의와 그런 국가에 대항하는 민초의 뿌리 깊은 시의심 등이 귀종유리담이라는 형태로 얽히고설킨 것이다. 17세기에 일어난 류리크 왕조의 가짜 드미트리 사건은 그중에서도 특히 유명하다. 어린 드미트리 황태자는 소도시에서 살다가 갑작스럽게 사망했는데, 정적 보리스 고두노프에 의한 암살이라는 소문이 나돌았다 (이 이야기는 모데스트 무소륵스키의 오페라《보리스 고두노프》로도 만들어졌다). 곧 자신이 '죽었다고 알려진 드미트리'라고 주장하는 사람이 나타나서 불만분자를 이끌고 봉기를 일으켜 즉위에 성공하지만, 1년도 채 되지 않아 살해당했다. 놀랍게도 몇 년 후 자신이 진짜 드미트리라고 칭하는 사람이 재차 반란을 일으켰다.

18세기 예카테리나 대제 시대에는 타라카노바 공주가 파리에 출현하여 세간을 떠들썩하게 했다. 공주는 자신이 선선대 황제인 엘리자베타와 그 연인이던 백작 사이에서 태어난 사생아라고 공공연히 주장했다. 하지만 곧 상트페테르부르크로 납치되어 감옥에 갇혔고, 네바강이 범람했을 때 반지하 감옥에서 익사했다(공식적으로는 병사로 발표되었다). 20세기에는 최후의 황제 니콜라이 2세의 딸 아나스타샤가 등장하여 세계의 이목을 집중시켰고, 이후 영화로도 여러 편 제작되었다. 실제로 황제 일가는 전원 볼셰비키에 의해 총살되었고 유골은 DNA 감정까지 마쳤으니 명백한 참칭이지만, 아나스타샤라는 이름에 '부활'이라는 의미가 들어있어서인지 지금까지도 가족 중에 홀로 살아남은 공주라는 로망이 완전히 사라지지 않았다.✽

 ### 수수께끼의 노인, 표도르 쿠즈미치

앞서 소개한 4명을 포함한 여러 일화에서는 대체로 자신이 직접 '죽었다고 알려진 귀인'이라고 공언한다. 그래서일까, 스스로 정체를 밝히지 않고 죽는 날까지 부정도 긍정도 하지 않은 수수께끼의 노인 표도르 쿠즈미치Feodor Kuzmich가 왠지 진짜 귀인처럼 느껴진다.

널리 알려진 대로 러시아에 침공한 나폴레옹은 역사적인

참패를 맛본 뒤 몰락의 길을 걷는다. 당시 아직 30대였던 러시아 황제 알렉산드르 1세는 나폴레옹 군대 격파를 계기로 선풍적인 지지를 받았다. 사실 그는 이전부터 금발에 파란 눈을 지닌 뛰어난 미모와 훤칠한 키, 유창한 프랑스어 실력, 높은 교양과 우아한 거동으로 역대 차르(러시아 황제)의 강경한 이미지를 뒤집은 존재였다(빈 회의 때 마을 상인과 사랑에 빠진 일화가 그럴듯하게 받아들여질 정도였다). 하지만 그가 품은 어둠은 깊디깊었다. 아버지인 파벨 1세의 암살에 관여했거나, 암살을 묵인했다는 소문 때문이었다. 23세부터 쓰고 있던 왕관도 시간이 지나면서 점차 무거워졌고 재위 후반에는 우울 증세까지 나타났다고 한다. 자녀는 없었으며, 스스로 수도자가 되고 싶다고 말하기도 했다. 1825년 늦가을, 알렉산드르 1세는 황후와 함께 수도에서 약 2,000킬로미터 떨어진 타간로크의 별궁으로 외출했다가 돌연 세상을 떠났다. 사인은 티푸스 또는 열병이라고 했다. 난데없는 비보는 큰 의혹을 낳았다. 아직 47세였다. 더욱이 건강했을 터였다. 게다가 관 뚜껑은 마지막까지 열리지 않았다. 상트페테르부르크로 옮기기까지 너무 오랜 시간이 걸려서 부패했다는 핑계를 댔지만, 텅 빈 관이라는 의심의 목소리는 끊이지 않았다. 급기야 풍문이 나돌았다. 알렉산드르 1세는 황제의 삶에 지쳐 머나먼 곳에서 수도자가 된 것이 틀림없다⋯⋯.

11년 후 페름에서 거동이 수상한 60대 즈음의 남자가 발

견되었다. 표도르 쿠즈미치라고 자신의 이름을 밝혔지만 어디서 왔고 무엇을 했었는지 기억하지 못했다. 키가 크고 기품이 넘쳤으나 여권은 없었고 등에는 채찍 자국이 있었다. 관리는 이 수상한 노인을 시베리아로 추방했다. 시베리아에 정착한 쿠즈미치는 이윽고 깊은 신앙심과 지혜, 놀라우리만치 방대한 견문으로 두루 존경받게 되었다. 고민거리를 들고 멀리서 찾아오는 사람이 점점 늘면서 프랑스어를 구사할 줄 안다는 사실이 알려지자, 그가 바로 세상의 이목을 피해 도망친 알렉산드르 1세의 가짜 모습이 아닌가 하는 소문이 돌기 시작했다. 나이대도 비슷했고, 용모와 풍채 또한 황제를 떠올리게 했다. 쿠즈미치에 대한 소문은 먼 곳까지 번졌고, 황제와 구면인 병사가 찾아와서 황제가 틀림없다고 단언하기도 했다. 하지만 노인은 기억나지 않는다며 자기를 내버려 두라고 부탁할 뿐이었다. 그는 시베리아에서 30년 가까이 살며 장수했다. 알렉산드르 1세라면 몰년 86세였다. 성인으로 추앙받던 쿠즈미치의 장례는 시베리아 땅에서 정중히 치러졌고 그의 묘는 순례지가 되었다. 틀림없이 소문은 상트페테르부르크의 궁정까지 도달했을 것이다. 1891년 쿠즈미치의 묘에 니콜라이 황태자가 찾아갔다고 한다. 후의 니콜라이 2세, 러시아 제국의 마지막 황제다.✻

114

‘유럽의 고아’ 카스파 하우저

세 번째 정체불명의 인물은 1828년 남독일 바이에른 왕국의 마을 뉘른베르크에 홀연히 나타난 ‘유럽의 고아’ 카스파 하우저Kaspar Hauser다. 16세 정도로 추정되는 이 소년은 뉘른베르크의 한 광장을 배회하다가 발견되었다. 허름한 행색에 피부는 묘하게 파리했고 말을 할 줄 몰랐으며, 보통이면 오목하게 들어가 있을 무릎 뒤쪽이 이제껏 한 번도 걸은 적 없는 사람처럼 평평했다.

소년에게는 양육자가 남긴 겉치레용 편지 두 통이 들려 있었다. 내용은 이러했다.

이 소년의 이름은 카스파입니다. 1812년에 태어났고 세례는 받았습니다. 부친은 기병이었고, 17세가 되면 뉘른베르크 연대에 보내 달라는 부탁을 받아 이제껏 키웠습니다.

편지를 본 사람들이 소년을 연대장에게 데려갔지만, 무슨 질문을 해도 모른다는 말만 반복하는 통에 대화가 이루어지지 않았다. 하지만 종이와 펜을 주자 ‘카스파 하우저’라고 서명했다. 유럽 각처에서 학자와 의사, 종교인이 모여들어 이 미심쩍은 소년을 연구한 끝에 몇 가지 사실이 밝혀졌다. 카스파는 어둠 속에서도 물건을 알아보고 색을 식별했으며, 시

계 따위의 기계에서 나는 소리를 무서워하는 한편 옆방에서 나는 희미한 목소리도 알아들었다. 거울에 비친 상을 실물과 혼동했고 창밖으로 보이는 풍경을 삼차원으로 인식하지 못했다. 소리와 냄새에는 이상할 정도로 민감했으며 만지기만 해도 금속의 종류를 알아맞히는 특수한 능력을 지녔다.

아무래도 소년은 상당히 오랜 시간 어두운 지하 감옥에 갇혀서 타자와 접촉하지 않고 자란 것 같았다(그래서 '카스파 하우저'는 오랜 은둔의 대명사로 쓰이기도 한다). 하지만 그의 정체는 여전히 베일에 감춰져 있었다. 어디에서 온 누구인지, 어째서 유폐되어 있었는지, 그를 아는 사람이 나타나지 않는 이유는 무엇인지……. 현상금까지 걸었지만 수수께끼는 풀리지 않았다.

카스파는 우선 고아 신분으로 마을 사무소에서 보호했지만 머지않아 지원자가 여럿 나타났고 그중 한 사람이 떠맡게 되었다. 교육을 받기 시작하자 높은 지능을 발휘하여 순식간에 연령대에 맞는 언어 구사력을 갖추었다. 그는 이제까지 음식이 제공되는 좁고 어두운 장소에 혼자 살았다고 증언했다. 처음 보였던 야생아의 모습은 점차 사라지고 왠지 모르게 기품 있는 자태를 드러내기 시작하면서, 카스파는 귀족과 부유층 모임에까지 초대받는 인기 스타가 되었다.✻

카스파 하우저의 최후

그러던 어느 날 첫 습격 사건이 일어났다. 뉘른베르크에 나타나고 1년 반 정도 지났을 때였다. 복면을 쓴 사람이 길을 걷던 카스파에게 흉기를 휘둘렀다. 다행히 목숨에는 지장이 없었다. 이 사건은 카스파가 지위를 찬탈당한 왕자, 즉 방랑하는 귀인 혈통이라고 의심하는 소문에 힘을 보탰다. 그래, 틀림없어. 왠지 이웃 나라 바덴 대공국의 대공 일족과 많이 닮은 것 같기도 하고……(당시 독일은 아직 통일 전이라 작은 나라들로 나뉘어 있었다).

소문을 전폭적으로 지지한 사람이 독일의 법률가이자 안스바흐 항소법원의 초대 법원장, 후년 '근대 형법의 아버지'라고 불리는 안젤름 폰 포이어바흐Anselm von Feuerbach(1775~1833)였다(독일 신고전주의 화가 안젤름 포이어바흐의 할아버지다). 포이어바흐는 카스파와 수차례 대화를 나눈 뒤《카스파 하우저, 영혼에 대한 범죄 사례Kaspar Hauser, Beispiel eines Verbrechens am Seelenleben des Menschen》를 저술하였다. 그의 저서는 카스파 하우저의 장기 감금이 초래한 심신장애와 순조로운 회복의 기록이면서 카스파의 출생에 관한 추론 및 가해자를 향한 고발이기도 했다. 그는 소년을 가혹한 처지로 몰아넣은 것이 다름 아닌 바덴 대공가문이라고 주장했다.

책을 출간하고 1년도 채 지나지 않은 1833년 5월, 포이

〈카스파 하우저의 초상〉
요한 게오르크 라미니트 Johann Georg Laminit, 1828

어바흐는 프랑크푸르트로 여행을 떠났다가 난데없이 죽음
을 맞았다. 사인은 뇌졸중이라고 발표했지만 다른 이유였을
지도 모른다. 아니면 단순한 우연일까. 같은 해 12월 카스
파 하우저도 마찬가지로 갑자기 세상을 떠났다. 이번에는 칼
에 의한 습격이었다. 가슴에 치명상을 입은 그는 사흘 만에

118

숨을 거두었다. 고작 21세였다. 사건은 의문을 남긴 채 막을 내렸다.

카스파 하우저를 사기꾼 취급하는 사람도 물론 있었다. 두 차례에 걸친 습격은 카스파를 향한 세간의 관심이 잠잠해진 시기에 일어난 자작극이며, 사망의 원인인 습격 또한 암살을 가장한 연극이지만, 힘이 잘못 들어가는 바람에 치명상이 되었을 뿐이라고 그들은 주장했다. 지금 와서는 무어라 말할 수 없다. 사기꾼은 어느 세대에든 어떤 이유로든 출몰하는 법이니 절대 아니라고 단정하기는 어렵다. 하지만 수상하기로 치면 바덴 대공가문에서 벌어진 소동 또한 뒤처지지 않으니, 카스파 하우저가 환상의 왕자라는 주장도 꼭 황당무계하지만은 않을지도 모른다.❋

 ## 출생의 비밀

카스파 하우저는 프랑스의 철가면과 같은 이유로 독일 바덴 대공가문의 지시에 따라 15년이 넘는 세월 동안 유폐된 것일까? 바덴국은 독일 남서부 현 바덴뷔르템베르크주에 12세기부터 20세기 초까지 존속했던 영방이다. 대대로 영방을 통치한 체링겐 가문은 오랫동안 변경백Margrave 작위를 계승했으나, 1806년 대공으로 격상되었다. 바덴 대공국의 초대 대공은 카를 프리드리히. 2대 대공은 그의 손자인 카를 루트비

히 프리드리히로, 대관 7년 후인 1818년에 32세의 젊은 나이로 서거했다. 포이어바흐와 지지 세력의 추리에 따르면 그의 친아들이 바로 카스파 하우저다. 카를 대공비는 1812년에 장남을 낳았지만 이름을 짓기도 전에 요절했다고 한다. 하지만 사실 '누군가'의 명을 받은 유모가 죽은 아기와 바꿔치기하여 진짜 아들은 몰래 다른 집에 맡겼고 어느 시점부터 유폐했다는 것이다(카스파가 갖고 있던 편지에 1812년생이라고 쓰여 있던 것이 떠오른다). 왜 이런 짓을 하느냐고 묻는다면, 대답은 뻔한 권력 싸움이다. 적통인 왕자가 사라지고 카스파가 나타나기까지 16년 동안 대공가문에서는 많은 일이 일어났다. 대공비는 4년 후에 또 남자아이를 낳지만 1년 만에 죽고 말았다. 다음 해에는 대공도 세상을 떠났고, 왕관은 초대 대공의 아들이자 2대 대공의 숙부인 루트비히 1세가 이어받았다. 하지만 그는 여자를 멀리하여 독신이었고 나이도 이미 55세였다. 후사가 생길 가능성은 한없이 0에 가까웠으니 다음 대공 후보는 한 사람뿐이었다.✤

 ### 대공비 루이제의 음모

집안싸움으로 번지기 딱 좋은 대단히 성가신 상황이었다. 그런데 초대 대공 카를 프리드리히는 2대 대공의 할머니이자 3대 대공의 어머니인 첫째 왕비가 세상을 떠난 뒤, 환갑이

넘은 나이에 40살이나 어린 시녀 루이제 카롤리네에게 푹 빠졌다. 그는 육군 중위의 딸에 지나지 않는 평민에게 호호베르크 백작 칭호까지 수여하며 귀천상혼을 감행했다. 루이제가 레오폴트를 낳은 1790년에는 대공가에 왕위 계승 후보가 많았고 앞으로도 얼마든지 많아질 수 있었다. 그런데 루트비히 1세가 대관한 1818년, 레오폴트보다 순서가 앞선 후보는 이미 모두 죽은 뒤였다. 유모에게 카를 대공비의 아이를 바꿔치기하도록 사주한 '누군가'는 이 일로 가장 큰 이익을 취할 사람이다. 왕좌를 노리는 사람이겠지만 꼭 본인일 필요는 없다. 본인의 어머니라도 이상하지 않다.

대공비의 지위를 노리고 나이 든 대공에게 접근한 루이제는 결혼 후에도 궁정에서 창부에 가까운 취급을 받으며 멸시받았을 것이다. 대공이 죽고 나면 쥐꼬리만 한 위자료를 손에 쥐고 아들과 함께 돌을 맞으며 쫓겨날 말로가 눈에 훤했다. 하지만 다른 후계자 후보를 하나씩 제거한다면······.

루트비히 1세의 재위 기간은 10년 정도였다. 말년에는 차기 대공에 대한 위기감이 온 궁정을 휘감았다. 아무리 천한 여자가 낳은 자식이라 해도 레오폴트에게는 초대 대공의 피가 흐른다(아니라고 하는 사람도 있지만). 그를 왕위에 올리지 않으면 다른 나라의 둘째나 셋째 아들이 자리를 차지할 테고, 누가 오든 그 나라에 흡수될 것이 뻔했다. 울며 겨자 먹기로 레오폴트를 루트비히 1세의 후임으로 받아들이자는 분위

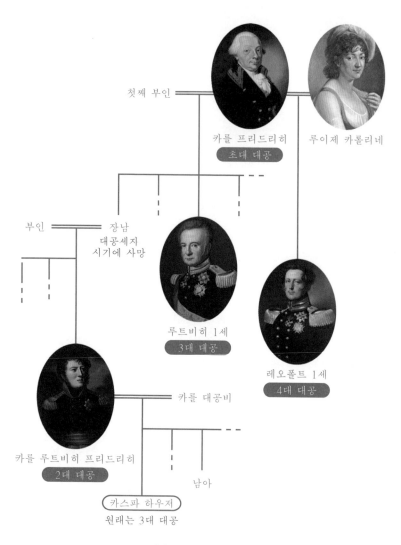

첫째 부인 ━━━

카를 프리드리히
초대 대공

루이제 카롤리네

부인 ━━━ 장남
대공세자
시기에 사망

루트비히 1세
3대 대공

레오폴트 1세
4대 대공

카를 루트비히 프리드리히
2대 대공

카를 대공비

남아

카스파 하우저
원래는 3대 대공

〈바덴 대공가 계보〉

기가 점차 강해졌다. 레오폴트의 입지가 반석처럼 튼튼해진 1828년, '누군가'는 적자인 카스파 하우저를 어둡고 축축한 지하 감옥에서 끌어내 그럴싸한 편지와 함께 타국 마을에 풀어주었다는 것이다. 마냥 허황하게만 느껴지지는 않는다. 일단 루이제의 초상화부터가 정말이지 그런 일을 꾸밀 법한 모습 아닌가. 독약이 보르자 가문의 전매특허도 아니다(스페인 출신 귀족인 보르자 가문은 특수한 독약을 이용해 수많은 적을 독살한 것으로 악명 높다 ─역주). 당시 이웃 제국에서도 바덴 대공가문이라면 적자를 유폐할 가능성이 있다고 점쳤다. 카스파의 인기는 바덴 대공가문의 스캔들과도 맞물렸지만 뉘른베르크에서 그를 치켜세운 시기는 그리 길지 않았다. 사람은 쉽게 질리는 존재다. 처음에는 하루가 멀다고 불려 다녔지만 진기함은 점차 흐려졌다. 바덴 대공국의 왕자라는 확실한 증거도 쉽사리 나오지 않았고 카스파도 날이 갈수록 세상에 익숙해졌다. 극히 평범한 소년 카스파 하우저는 조금도 흥미롭지 않았다.

그는 안스바흐의 새로운 후견인 곁에서 쓸쓸한 여생을 보냈다. 그리고 칼에 찔렸다.

내가 찌른 거 아니야

그의 유언이었다. 왠지 애처롭다. 한편 1830년부터 22년간 왕좌에 앉은 레오폴트 대공은 뜻밖의 선정을 펼쳤다.❇

15화 덴마크의 하얀 귀부인

 '하얀 귀부인'이라 불리는 망령

경쟁 상대를 하나둘 제거하고, 바덴 대공의 지위를 얻은 레오폴트는 자유주의 정책으로 경제를 활성화하는 등 현명한 치세를 이끌었다. 하지만 그런 그도 선조의 저주에는 당해낼 수 없었다. 레오폴트가 통풍으로 앓아누운 사이 '하얀 귀부인'이라고 불리는 전설의 망령이 궁정에서 몇 번이나 목격되었다. 사람들은 속삭였다. 대공의 죽음이 임박한 것인가? 통풍은 살아날 가망이 없는 병이 아니라며 궁정의사는 우려를 일축했지만 대공은 결국 병마를 이기지 못했다. 체링겐 가문에는 귀부인 유령이 나타나면 누군가가 죽는다는 속설이 수백 년 전부터 존재했다. 이번에도 그 속설은 맞아떨어진 것이다. 바덴 대공국은 일찍이 변경백이 통치했고, 바덴국의 군주인 백작은 변방에서 다른 민족과 직접 대치하는 기사로서 일반 백작보다 상위로 여겨졌다. 15세기 바덴 변경백국의 왕자가 견문을 넓히고자 여행길에 올랐다. 출발 전 국왕 부부는 아들에게 신분에 걸맞지 않은 여성과 결혼하는 것만은 용서치 않겠노라고 엄포를 놓았다. 왕자는 덴마크로 입국하자마자 사랑에 빠졌다(독일 남자에게는 덴마크 여자가 이국적으로 느껴진 모양이다). 그런데 상대인 오라뮨데 백작부인은 아이가 둘이나 있는 과부였다. 백작부인도 왕자를 열렬히 사랑했지만, 부모가 허락할 리 없다고 생각한 왕자는 약속을 남기고 고국으로 돌아갔다.

네 개의 눈이 우리를 방해하고 있어요
눈 속에 타오르는 불꽃이 꺼지면 다시 데리러 오겠습니다

왕자의 부모는 의외로 결혼을 흔쾌히 허락했다. 왕자는 크게 기뻐하며 다시 덴마크로 향했다. 그런데 저택에 도착하니 기분 나쁜 정적이 감돌았다. 왕자가 이름을 부르자 부인은 몸에 걸친 백의보다 더욱 창백한 얼굴로 나타났다. 놀랍게도 어린 자녀들을 자기 손으로 죽인 것이다. 부인은 '네 개의 눈'을 '피가 이어지지 않은 아이들'로 오해하고 연인의 말

을 실행에 옮겼다. 등줄기가 서늘해진 왕자는 애원하는 오라
문데 백작부인을 뿌리치고 말에 올라탔다. 뒤도 돌아보지 않
고 떠나려는 왕자에게 부인은 소리쳤다.

도망쳐도 소용없어요, 우리는 이미 피의 인연으로 얽혀 있으니

왕자를 마중 나온 국왕 부부는 기진맥진한 아들의 모습에
깜짝 놀랐고, 사건의 전말을 듣고서는 일족의 혈맥이 저주
받았다는 사실에 큰 충격을 받았다. 왕자는 침대에 몸져누운
뒤 다시 일어나지 못했고 머지않아 눈을 감았다. '귀부인이
나타났다'는 말을 남기고. 곧이어 병환으로 쓰러진 국왕 또
한 죽기 직전 귀부인의 모습을 봤다고 증언했다.❈

여자라는 존재의 두려움

마치 그리스 비극 같다. 배 아파 낳은 자식을 죽인 이국
의 정열적인 여성, 메데이아 공주의 이야기 말이다. 사랑하
는 이아손에게 배신당한 메데이아는 그를 철저히 무너뜨리
려면 둘 사이에 낳은 아이들을 죽여야 한다고 생각했고, 극
렬한 분노와 냉정한 계산을 바탕으로 살인을 저질렀다. 한편
오라문데 백작부인은 사랑하는 남자와 함께하기 위하여 친
자식을 죽였다. 자신의 행복만을 좇는 편협함이 빚어낸 참극

이다.

　남자에게는 누가 더 무서울까?

　메데이아의 비정한 만행은 상대를 향한 불타는 복수심의 결과였고, 오라뮌데 백작부인의 범행은 오직 자기만을 우선한 결정이었다. 현대 사회에서 전자와 같은 이유로 자식을 죽이는 여성은 찾아보기 힘들다. 역시 신화의 세계, 어떤 의미에서는 남성이 구축할 법한 '여자라는 존재의 두려움'이다.

　하지만 후자는 어떠한가? 이미 신문과 잡지에 사례가 넘쳐난다. 새로운 사랑에게 버려질까 봐 두려워서 자녀를 방치하고 학대에 가담하고 성욕 배출구로 들이밀거나 때로는 죽음으로 몰아넣는 자들. 그들은 현대판 오라뮌데 백작부인이다. 부인은 왕자의 언어를 곡해하여 둘의 사랑과 행복을 자녀가 방해한다고 굳게 믿었다. 염치없는 피해의식이다. 그러니 왕자가 공포에 떨며 도망칠 때 이번에는 왕자를 원망하며 그와 그의 가문에 저주를 걸었고, 혼백이 되어 지옥의 주민으로 한없이 이승을 헤매는 것이다. 4세기나 지난 바덴 대공 레오폴트의 시대까지.✳

제16화 대형 해양사고

 타이타닉호

곧 20세기의 막이 오르는 시기, 영국에서 '거인'이라는 이름에 걸맞은 거대 호화 여객선이 건조되었다. 길이 약 800피트, 돛대 3개, 스크루 3기, 최대 승선 인원 약 3,000명으로 당시 세계 최대 규모였다. '절대 침몰하지 않는 배'라는 글귀가 저절로 믿어지는 위용이었다. 영국-미국 간 항로를 4월에 출발한 아름다운 객선에는 당시 계급사회를 그대로 반영하여 특등실에는 유명 인사와 부유층, 일반실에는 중산층이 탔고, 선체 바닥 쪽 선실에는 저소득층이 떠밀리듯 모였다.

출항 며칠 후 운명의 밤이 찾아왔다. 북대서양의 짙은 해무

속을 25노트의 속도로 나아가던 배의 우현이 빙산과 충돌하면서 전복된 것이다. 구명보트가 부족하여 수많은 희생자를 낳은 대형 해양사고가 발생한다.

여기까지 읽고서 '아, 타이타닉호 얘기구나'라고 생각하지는 않았는가?

아니다.

1912년 발생한 타이타닉호 침몰 사고보다 14년 전 과거에 출간된 중편 소설 《허무Futility》(개정판 제목은 《타이탄의 조난, 또는 허무》) 속 묘사다. 작가는 선원 출신의 미국인 모건 로버트슨 Morgan Robertson으로, 지명도가 낮아서 초판은 거의 팔리지 않았다. 그런데 서점에서 책이 사라질 즈음 타이타닉호의 비극이 일어났고, 책과 실제 사건이 너무나도 유사하다는 이유로 일종의 예언소설로 간주되어 큰 화제가 되었으며 개정판 출간과 함께 판매량도 증가했다. 선박 사고가 소설의 중심 줄거리는 아니다. 《허무》는 모험소설의 일종으로, 배가 침몰한 후 선원인 주인공이 빙산 위에서 백곰과 격투를 벌인 끝에 살아남는다는 다소 황당무계한 이야기를 담고 있다. 타이타닉호 침몰 사고가 일어나지 않았다면 완전히 기억에서 지워졌으리라. 하지만 비극이 보도되자 로버트슨의 소설을 떠올린 사람들이 있었다.

소설의 배경인 선박이나 사고에 관한 서술은 실제 사건과 소름 돋을 만큼 흡사하다. 소설 속 배의 이름인 타이탄Titan과

타이타닉Titanic은 명사와 형용사의 차이만 있을 뿐 같은 이름이라고 봐도 무방하고, 영국제 선박인 점, 선체의 크기와 구조, 승객 수, 사고가 일어난 달, 항로와 침몰 원인까지 거의 비슷하다. 단순한 우연으로 치부하기 어려운 세상의 불가사의가 느껴진다. 물론 차이점도 있다. 타이타닉호는 첫 항해였지만 타이탄호는 돌아오는 길이었고, 빙산과 부딪힌 후 전자는 다음 날 아침, 후자는 바로 침몰했다. 배의 중량을 나타내는 배수량도 꽤 다르다. 또 로버트슨은 개정판을 내면서 배수량 등을 타이타닉호와 비슷하게 살짝 바꿨다고 한다. 하지만 이러한 차이가 있다 해도 주요 요소가 우연히 일치할 확률을 고려하면 여전히 놀랍다. 그러니 이 불가사의한 소설은 세간의 주목을 받았고 로버트슨에게는 다음 작품 의뢰가 들어왔다. 타이타닉과 같은 예언소설을 기대한 출판사도 있었을 것이다. 그는 단기간에 연달아 신간 여러 권을 냈지만 인기를 얻은 작품은 없었다. 단번에 세간의 주목을 받고 불과 3년 후 이 '예언자'는 약물 과다복용으로 사망했다. 자살로 추정된다.✼

 ## 영화 〈타이타닉〉의 영향력

타이타닉호 사건은 영화에서 수없이 다루었지만, 국가와 세대를 불문하고 이 참사를 알린 작품은 제임스 카메론 감독

의 영화 〈타이타닉〉(1997)이다. 이 영화의 막대한 영향력을 나는 뉴욕에서 몸소 체험했다.

영화가 개봉하고 이미 몇 해나 지난 겨울이었다. 쌍둥이 빌딩도 아직 건재했다. 나는 자유의 여신상이 위치한 리버티섬으로 향하는 유람선을 탔다. 현지인보다 유럽인과 히스패닉 승객이 많았다. 진눈깨비가 내리고 파도가 높게 치던 흐린 날이라, 승객들은 모두 선실에 모여서 창문을 통해 우울한 하늘을 올려다봤다. 그사이 비는 점점 잦아들었다. 그때였다. 청년들이 갑판으로 달려 나가더니 한 사람이 날개를 펴듯 양팔을 크게 벌리고 눈 앞에 펼쳐진 해원을 향해 외쳤다.

"I'm the king of the world!"

〈타이타닉〉에서 레오나르도 디카프리오가 신대륙을 향한 꿈과 희망을 폭발시킨 인상적인 장면, 그 몸짓과 대사다. 효과는 눈부셨다. 선실에 있던 승객 전원이 웃음을 터뜨리며 앞다투어 갑판으로 나오더니 대화를 나누기 시작했다. 기적처럼 비가 멈추고 거대한 자유의 여신이 성큼 가까워졌다. 영화 한 편이 일면식도 없는 사람들을 서로 이어주는 장면은 감동적이었다.

이것도 기담인가?✽

제17화 코팅리 사건

 셜록 홈즈의 아버지

세계에서 가장 유명한 사립탐정이 셜록 홈즈라는 주장
에 반론을 던질 사람이 있을까. 가상 인물임에도 불구하
고 '셜록 홈즈의 집'이라는 간판이 내걸린 런던의 베이커
가 221B번지에는 관광객이 일부러 찾아갈 정도다. 물론 나
도 그중 하나다. 홈즈를 낳은 아서 코난 도일Sir Arthur Conan
Doyle(1859~1930)에게는 생전 팬레터가 쇄도했는데, 도일이 아
니라 홈즈를 수신인으로 하는 편지도 여러 통이었다고 한다.
작가와 주인공을 완전히 혼동했다는 뜻인데, 소설 속 홈즈만
큼은 아니더라도, 도일 또한 홈즈 못지않은 관찰력과 추리력

의 소유자라고 생각하는 것은 지극히 자연스러울지도 모르겠다. 그래서 도일이 코팅리Cottingley에서 찍은 요정 사진의 진실성을 보증했을 때, 그토록 논리적인 사고를 기반으로 갖가지 어려운 사건을 해결한 도일(실제로는 소설 속 홈즈)이니 이번에도 완벽한 증거를 토대로 내린 판단이라고 수많은 사람이 믿고 말았다.

소위 '코팅리 사건'이다.

본격적으로 코팅리 사건을 이야기하기 전에 도일의 가족을 소개하려 한다. 아서 코난 도일의 할아버지 존 도일은 1797년 아일랜드 더블린에서 비단상인의 아들로 태어났다. 자라면서 그림에 재능을 보였고, 25세에 아내와 런던으로 이주한 뒤 풍자화가이자 정치만화가로 큰 인기를 끌었다.

그의 세 아들 또한 사회적으로 명성을 떨쳤다. 첫째 제임스는 삽화가로, 둘째 리처드는 삽화가이자 화가로, 셋째 헨리는 아일랜드 국립미술관 관장으로. 그중에서도 1824년에 태어난 리처드 도일의 성공은 눈부셨다. 10대에 잡지《펀치Punch》의 정규 삽화가가 되었고 프리랜서로 독립한 후에도 딕킷캣Dick Kitcat이라는 애칭으로 활약했다. 특히 요정화가로서는 독창적인 표현으로 이름을 널리 알렸다. 이들이 아서 코난 도일의 백부이며 그가 의과대학에 진학할 때 지원을 아끼지 않은 은인이기도 하다. 그렇다면 아버지 찰스는?

무명의 아버지, 찰스 도일

찰스 도일은 별로 운이 따라주는 사람은 아니었다. 막내인 그가 태어난 1832년은 어머니가 세상을 떠난 해였다. 어머니의 사랑을 모르고 자란 그는 형들과 마찬가지로 아버지 존 도일의 화방에서 그림을 배웠지만, 아버지는 금세 그림에 재능이 없음을 간파하고 19세가 된 찰스를 혼자 스코틀랜드 에든버러로 보냈다. 스코틀랜드 건설부에서 측량기술 보조 일을 시키기 위해서였다. 형들의 화려한 성공과 아홉 명(두 명은 요절)이나 되는 자녀로 인한 생활고의 영향으로 찰스 또한 부업 삼아 요정 삽화를 그렸지만 인기를 끌지는 못했다. 40대 초반에는 관공서 일자리도 잃었다. 그 무렵부터 조금씩 알코올 의존과 우울증이 진행되었고 아내와도 이혼했다. 1881년에는 결국 병원에 입원했다. 찰스는 죽는 날까지 병실에서 요정을 그렸다. 달밤을 나는 요정 그림에 헤어진 아내 모습을 그려 넣었다는 말도 있다. 작품을 발표하지 않았기에 제작 연도도 분명치 않다(아서는 셜록 홈즈 시리즈로 명성을 얻은 후 세상을 떠난 아버지를 위해 전시회를 열었다).

요정 그림으로 성공을 거둔 백부들과 무명으로 죽어가면서도 요정의 존재를 굳게 믿은 아버지를 아서는 가까이서 봐왔다. 그들이 그린 수백 마리의 요정도 봐왔다. 아니, 그러잖아도 세상은 요정 시대였다. 숲이나 호수 같은 자연물의 정

령이며 사람보다 훨씬 자그마한 생물, 요정은 시대의 요구였다. 19세기 초반까지 과학만능주의와 합리주의를 연료 삼아 발전에 발전을 거듭하며 힘차게 달려온 새 시대의 사람들에게도 피로가 쌓여갔다. 그리고 그 반동은 도시에서 자연으로의 회귀로, 사실주의에서 내면과 정신의 탐구 및 초현실적 세계를 향한 동경으로 나타났다. 그러한 낭만적 기호에 적합한 예술이 바로 상징주의이며 요정 그림이었다. 투명한 날개를 지닌 사랑스러운 요정에 매료된 것은 여성과 어린이만이 아니었다. 중산모를 쓰고 지팡이를 들고 근엄하게 수염을 기른 신사 중에서도 요정 그림 애호가는 적지 않았다. 그들이 요정의 존재를 어디까지 믿었는지는 모르지만 결코 유령에 대한 믿음보다 부족하지는 않았을 것이다(영국은 지금도 여전히 유령을 좋아하는 나라다). 이러한 사회 분위기는 카메라로 요정을 찍었다는 소녀들의 말이 돌고 돌다 아서 코난 도일의 친구 에드워드 가드너의 귀에까지 들어갔을 때, 그가 웃어넘기지 않고 사진을 연구대상으로 진지하게 다루도록 이끌었다.✳

 요정을 찍은 사진

제1차 세계대전이 한창이던 1917년, 영국 북부 요크셔주의 작은 마을 코팅리에서 일어난 일은 이러하다. 마을에 사는 16세 엘시 라이트와 9세 프랜시스 그리피스는 사이좋은

〈프랜시스와 네 마리의 춤추는 요정〉
코팅리에서 촬영, 1917

사촌지간이었다. 언제나 냇가에서 요정과 논다고 주장했는
데, 증거로 사진을 찍고 싶다며 엘시의 아버지에게서 카메라
를 빌렸다. 소녀들은 '프랜시스와 네 마리의 춤추는 요정',
'들판에 앉아있는 엘시와 한 마리 요정' 두 장의 사진을 찍었
다. 하지만 사진을 현상한 아버지는 아이들의 말을 귀담아듣
기는커녕 다시는 카메라를 빌려주지 않겠다고 못 박았다. 이
대로 끝났다면 소동이 일어날 리 없다. 2년 후 요정의 존재
를 믿는 엘시의 어머니가 신지학협회(19세기 미국에서 창설된 신비 사
상 단체-역주) 모임에 참석하여 회원들에게 사진을 보여주었다.

136

사진은 곧바로 주요 회원인 에드워드 가드너에게 전해졌고 다음 해인 1920년에는 사건의 또 다른 주인공 셜록 홈즈, 아니, 아서 코난 도일의 손에 들어갔다. 사진의 진위를 확인하기 위해 도일은 가드너를 코팅리로 보냈다.

가드너는 성장한 소녀들에게 코닥제 카메라 두 대를 건네며 요정을 다시 한번 촬영해달라고 부탁했다. 두 사람은 어른이 있으면 요정이 나타나지 않는다며 가드너의 동행을 거부했지만 사진은 찍어주었다. 3장에 요정이 찍혀 있었다. 이전에 찍은 사진을 합해서 5장이었다. 도일은 코닥사에 사진 조사를 의뢰했고 '위조 증거는 보이지 않는다'는 대답을 얻었다. 같은 해 크리스마스, 그는 잡지에 〈사진에 찍힌 요정들〉이라는 짧은 글을 기고했다. 온 나라가 술렁였다. 60세의 코난 도일은 기사 칭호를 가진 높은 신분이었으며 무엇보다 셜록 홈즈의 창조자로서 인기와 신뢰가 매우 두터웠다. 물론 사진을 믿지 않는 사람들도 있었다. 그들은 요정의 옷차림이 너무 최신 유행 스타일인 데다 요정에게서 움직임이 느껴지지 않는다며 사진을 의심했다. 또 코닥사의 대답을 잘 읽어보면 현상 과정에서 합성한 것이 아니라고 했으니 '눈에 비치는 대로 찍혀 있다'는 말에 불과하며 진위 판정은 하지 않은 셈이라고 주장했다. 도일은 개의치 않고 1922년 저서 《요정의 도래The Coming of the Fairies》에서 코팅리의 요정을 다루면서 이렇게 주장했다.

감지할 수 없지만 존재하는 것이 세상에는 많다. 요정은 실체가 없는 영적 존재이므로 영력이 있는 사람, 특히 순수한 아이들에게만 보인다. 거짓이 존재한다고 해서 진실을 부정할 근거가 되지는 않는다. ✽

 ## 요정 사진의 진실

그의 논리는 삼라만상에 신이 깃든다고 여기는 일본인이라면 이해하기 쉽다. 죽은 사람은 부처가 되고 거대한 고목은 신목神木이 되며, 소인족 고로폿쿠르와 집을 지키는 정령 자시키와라시, 물의 정령 갓파와 악랄한 여우 요괴도 주변에 존재한다. 누구나 온전히는 아니더라도 어느 정도는 정령의 존재를 믿는다. 하지만 만일 저명한 문학가가 수상하기 짝이 없는 갓파 사진을 내밀고서, 순수한 아이들이 촬영했으니 진짜라고 주장하며 책까지 썼다면 주위에서는 어떤 반응을 보일까? 현명한 사람이라면 침묵하지 않을까. 당시에도 그랬다. 대부분은 공식 입장을 표하지 않았고 요정화가와 작가는 침묵했다. 상대는 상처받기 쉬운 아이들과 셜록 홈즈의 작가다. 도일은 아일랜드계 스코틀랜드인이며 초자연 현상에 특히 친화력 높은 켈트 혈통이다. 아버지와 그의 형제들은 모두 요정화가였다. 더구나 도일은 전쟁으로 아들과 남동생, 여동생의 남편 등 많은 가족을 잃은 뒤 심령술과 신비주의에

강하게 심취한 상태였다. 쉽사리 이의를 제기할 수 없었다.

코팅리 사건을 향한 관심은 매우 빠르게 식어갔다. 얄궂게도 그렇게나 활발했던 요정의 인기도 함께 시들었다. 요정 그림의 수요는 격감했고 전문 화가도 줄어들었다. 사건은 조용히 잊혔고 오랜 시간이 흘렀다.

도일이 타계하고 반세기 이상 지난 1983년, 그때 그 코팅리 소녀들이 시사주간지 《타임》에 글을 싣고 방송에도 출연했다. 노인이 된 엘시와 프랜시스는 고백했다. 요정과 함께 놀았다는 사실을 의심하는 어른들 때문에 꾀를 냈다고. 잡지에 실린 여성 패션 삽화를 판지에 베끼고 날개를 그려 넣어 요정으로 바꾼 다음, 그림을 오려서 핀으로 나뭇가지나 잎사귀에 고정한 뒤 사진을 찍었다고 말이다. 코닥사의 견해는 옳았다. 이중 촬영도, 현상 과정에서의 조작도 아니었다. 카메라는 실제로 '눈에 비치는 모든 것'을 담았다. 건판을 사용하는 구식 카메라이니 기술적 난관은 있었지만 엘시는 사진관에서 일한 경험이 있었다. 미술학교에 다녔기 때문에 그림 솜씨도 좋았다. 왜 빨리 진실을 말하지 않았냐는 싱거운 질문에는 아서 코난 도일의 명예를 위한 일이었다고 대답했다.

그리고 말했다.

다섯 번째 사진만큼은 진짜고 요정을 만난 것도 사실이라고……. ❃

139

제18화 십자로

 미지와 만나는 장소

여러 갈래 길이 만나는 십자로, 교차로 또는 삼거리는 동서
양을 막론하고 중요한 의미를 지닌다. 십자로는 미지와 만나
는 장소이기 때문이다. 십자로 가운데에, 서 있다고 생각해
보자. 정면, 좌우에서 야수, 적 병사, 폭주하는 마차, 혹은 무
시무시한 무언가가 덤벼들수도 있다. 또한 십자로는 선택을
재촉하는 인생의 기로이며 다른 세계와 교차하는, 삶과 죽음
이 뒤섞이는, 그리고 초자연적인 것이 출몰하는 장소이므로
항상 공포와 불안을 가득 품고 있다(다리의 기호성과 일맥상통하
는 면도 있다).

그리스 신화의 오이디푸스는 삼거리에서 운명과 마주친다. 이 비극적인 인물이 태어났을 때 부모는 '아버지를 죽이고 어머니를 첩으로 삼는다'는 신탁을 받고, 두려운 마음에 갓난아기인 오이디푸스를 숲에 버린다. 하지만 양치기가 그를 주워서 타국의 왕에게 데려다 준다. 왕의 양자로 자란 오이디푸스는 또다시 같은 신탁을 받게 되고, 그 충격으로 방랑의 여행을 떠난다. 지금까지 키워준 부모를 친부모라고 믿었기 때문이다. 오이디푸스의 두 발은 어느덧 태어난 땅으로 가까워진다. 필사적으로 운명에서 도망치려 하지만 결국 운명이 기다리는 곳으로 향한 것이다. 비좁은 삼거리에서 오이디푸스는 한 무리와 맞닥뜨리고, 서로 길을 비키라며 말다툼을 하다가 우두머리를 죽인다. 신탁이 이루어지는 순간이다. 그 남자가 바로 오이디푸스의 친아버지이기 때문이다. 또 하나의 역겨운 신탁도 훗날 현실이 된다.❁

십자로에는 악령이 깃든다

고대 그리스인은 길을 지배하는 저승의 여신 헤카테와 여행자의 수호신 헤르메스에게 십자로를 바쳤으며 길 위에 신성한 돌을 올리고 기도했다. 기독교가 보급되기 전 고대 로마 시대에는 불운으로부터 지켜주는 수호신 라르의 제단을 십자로에 세우고 경배했다. 기독교가 다신교를 몰아내고 국

〈방랑자 오이디푸스 Oedipus the Wayfarer〉
귀스타브 모로 Gustave Moreau, 1888
모로는 오이디푸스를 수없이 그렸다.
이 작품에서는 거대한 날개가 시선을 사로잡는다.

교의 지위에 오른 뒤에도 십자로에서 몸을 지켜야 한다는 정
신은 계승되었다. 십자로에는 십자가 또는 예수 십자가형 조
각상, 마리아를 비롯한 여러 성인상이 놓이거나 작은 성당이
지어졌다. 선한 정령이나 성인이 나타나서 계시를 내리는 곳

이라는 긍정적 측면도 있었지만 일반적인 인상은 여전히 부정적이었다. 십자로의 성상 앞에서 두 손 모아 올리는 기도는 성스러운 축복이 아니라 마귀 축출과 신의 가호를 염원하는 것이었다.

매장 문화가 확산되자 십자로의 부정적 측면은 한층 강해졌다. 자살을 금기시하는 기독교 풍토로 인해 교회 묘지에 묻을 수 없었던 자살자는 십자로 옆에 묻었는데, 시간이 흐르며 범죄자도 함께 십자로에 매장하게 되었다. 천국에 가지 못하는 사람은 악령이 되어 출몰한다는 성직자의 경고에 따라 사체에는 때로 말뚝을 박았다. 그러자 자연스레 흡혈귀 전설과도 이어지면서 십자로는 점점 위압적 분위기를 띤다.

마귀가 존재한다면 마귀를 불러내는 것도 가능할 터. 16세기 독일에 실존한 파우스트 박사는 숲속의 십자로에서 악마를 불러내 현세에 대한 자신의 욕망을 채웠다고 전해진다. 그 대가였을까, 파우스트는 연금술 실험 중 폭발 사고로 사망했다. 육체는 흔적도 없이 사라졌다. 기독교인에게는 무서운 일이다. 몸이 없으면 부활도 불가능하기 때문이다(파우스트라는 인물에 관해서는 20화에 다룬다).

마녀재판과 이단 심문의 열풍이 최고조에 이르렀던 시대에는 십자로 또한 마녀 집회가 열리는 장소 중 하나로 여겨졌다. 집회 장소로서의 십자로 설화는 지금도 유럽 각지에 남아있다. 처형당한 마녀도 십자로에 매장하곤 했는데, 여러

143

갈래 길에서는 어디로 향해야 하는지 갈팡질팡하다가 움직이지 못한다는 이유였다. 죽은 마녀가 이리저리 헤매도록 두기보다는 한 장소에 묶어두는 편이 낫지 않겠는가?

십자로에 마귀나 악령이 깃들어있다는 미신은 20세기가 되어서도 여전히 마음에 도사리고 있었다.✱

악마와 거래한 가수

20세기 초반을 주름잡은 전설적인 블루스 가수 로버트 존슨Robert Johnson의 일화는 이를 여실히 드러낸다. 남부 지역에 인종차별이 만연했고 아프리카계 미국인은 미시시피의 농원에서 일하던 시절, 소년 존슨은 음악가의 꿈을 품었지만 어쿠스틱 기타 실력은 아무리 연습해도 만족스럽지 않았다. 결국 그는 밤늦은 시간 십자로에서 악마와 거래했고, 영혼을 팔아넘기는 대신 그야말로 '악마적'인 기술을 손에 넣었다고 한다. 그가 작사한 곡에 곧잘 등장하는 십자로, 악마, 지옥을 지키는 개 등의 단어는 전설을 강하게 뒷받침한다. 존슨은 기타 하나 메고 미국 전역을 떠돌며 노래와 연주로 청자를 매료했지만, 한편으로는 가는 곳마다 문제를 일으키다가 27세의 젊은 나이로 세상을 떠났다. 여성 문제로 독살되었다는 주장도, 매독으로 죽었다는 말도 있지만 진실은 여전히 저 너머에 있다.✱

144

제19화 잘린 목

 순교자 성 드니

　센강 오른편에 위치한 몽마르트르 언덕은 해발 130미터에 불과하지만 파리에서 가장 높아서 시내를 한눈에 조망할 수 있는 장소다. 19세기 후반에는 세계 곳곳에서 햇병아리 예술가들이 이곳으로 모여 근대 미술의 중심지를 형성했다. 파블로 피카소, 아메데오 모딜리아니, 오귀스트 르누아르, 모리스 위트릴로 등 저명한 화가들의 추억이 고스란히 남은 몽마르트르는 관광객에게 각별한 낭만을 선사한다. 그런데 사실 몽마르트르Montmartre라는 이름은 순교자의 언덕Mont des Martyrs에서 유래했다. 예술보다는 피와 인연이 깊다.

프랑스가 아직 갈리아라고 불리고 로마 제국에서는 야만인이 사는 변두리 땅으로 여기던 기원전 3세기, 윤회를 믿으며 조상과 수목을 숭배하던 드루이드교의 땅에 기독교를 전파하기 위해 도착한 선교사들이 있었다. 이들은 센강의 시테섬을 거점으로 포교 활동에 힘쓰며 신자를 점차 늘려갔다. 하지만 곧 붙잡혀 투옥되었고, 주교 디오니시오와 사제 루스티코, 엘레우테리오는 마을에서 멀리 떨어진 언덕에서 참수형에 처해졌다. 이 언덕이 바로 몽마르트르다. 디오니시오는 훗날 바티칸에서 성인으로 봉하였고 프랑스어 표기에 따라 성 드니Saint Denis라고 불리게 되었다. 그의 죽음은 이렇게 전해 내려온다.

성 드니는 다른 두 사람이 처형된 후 마지막으로 목을 베였다. 그런데 처형 직후 태연히 일어서더니 바닥에 떨어진 자신의 머리를 양손으로 주워들고 걸어 나갔다. 무려 10킬로미터나 떨어진 곳(현재 파리 교외의 샘 드니)까지 걷는 동안 목은 끊임없이 교리를 설파했다. 10킬로미터면 보통 걸음으로 2시간 반 정도 걸리는 거리다. 성 드니는 그곳에서 완전히 절명했다.

신자들은 성 드니가 쓰러진 곳에 작은 예배당을 세웠다. 13세기에는 예배당이 있던 장소에 생 드니 대성당이 건립되었고 현재는 역대 프랑스 왕의 영묘로 사용된다. 즉 성 드니

전설은 가톨릭 신앙과 프랑스 왕이 맺은 강한 인연의 상징인 셈이다. 프랑스 혁명 당시 반왕당파가 교회를 탄압한 근거 중 하나이기도 했다. ❀

 화폭에 담긴 순교자들

잘려 나간 목이 말을 한다.

곧바로 오르페우스 신화가 떠오른다. 하프의 명수 오르페우스는 바쿠스의 무녀들에게 찢겨 죽었다. 강에 버려진 오르페우스의 목은 물길을 타고 떠내려가며 쉬지 않고 노래를 불렀고, 목을 주워서 매장한 후에도 땅 밑에서 노랫소리가 들려왔다고 한다. 예술이 지닌 불멸의 힘을 보여주는 아름다운 이야기다. 틀림없이 가톨릭 성인의 전설에도 영향을 미쳐 종교의 영속에 힘을 실었을 것이다.

하지만 그림으로 그리면 양상이 다르다. 15세기 앙드레 디 프레의 작품으로 추정되는 〈파리 고등법원의 십자가형〉이 좋은 예시다. 세 폭 제단화 형식으로 그려진 거대한 화폭 중앙에 십자가에 매달린 예수가, 오른쪽 날개에는 목을 든 성 드니가 그려져 있다. '성인은 죽어도 가르침은 죽지 않는다'는 교훈이 담긴 우화인데, 화가의 집요한 육체묘사로 인해 과도하게 현실적인 공포를 유발한다.

주교관을 쓴 성 드니의 목은 지쳐 포기한 듯한 표정으로 가

⟨파리 고등법원의 십자가형
La Crucifixion du Parlement de Paris⟩

앙드레 디프레André d'Ypres의
작품으로 추정, 1450

자기 목을 주워든
성 디오니시오

148

만히 눈을 감았고 보랏빛 입술은 굳게 닫았다. 목은 방금 주웠는지 아직 설교를 시작하지 않았다. 발치에는 백골이 굴러다닌다. 목을 든 손은 선혈로 얼룩져 있다. 정확하고 극명하게 그려진 목덜미 단면에는 뼈가 보이고, 혈관에서는 피가 분수같이 힘차게 뿜어져 나온다. 뒤에 선 사형 집행인과 구경꾼은 질겁한 표정으로 바라보고 있다.

'화가의 눈'을 지닌 이들은 색다르거나 비범한 무언가를 보면 그리고 싶은 충동에 사로잡히는 모양이다. 평상시라면 보기 힘든 내장과 뼈와 피, 죽기 전에 나타나는 근육의 미세한 움직임을 어떻게든 그려야만 직성이 풀리는 것이다. 여기에는 단순한 호기심뿐 아니라 리듬이 깨지는 순간 본질이 엿보이리라는 기대가 담겨 있다. 화가에게 기괴함과 공포는 아름다움과 마찬가지로 매력적인 주제. 그런 이유로 잘린 목은 수백 년에 걸쳐 셀 수 없이 많은 작품으로 그려졌다. 메두사, 살로메, 유딧, 골리앗, 그리고 도끼에서 기요틴에 이르기까지 다양한 참수 장면들. 성 드니만 해도 얼마나 많은 회화와 조각이 제작되었나.

목이 잘리고도 일어나서 걸은 순교자는 성 드니만이 아니다. 그중에서도 아홉 살이라는 어린 나이에 참수된 성 유스토의 모습은 그 유명한 페테르 파울 루벤스의 그림으로도 남아 있다. 툭 하고 떨어진 머리를 양손으로 받아낸 듯이 상체를 약간 굽힌 소년의 자세는 목격자의 반응과 서로 어우러져

〈성 유스토의 기적The Miracle of Saint Justus〉
페테르 파울 루벤스Peter Paul Rubens, 1629~30
산 자와 죽은 자의 적나라한 피부색 대비가 충격적이다.

서 꽤나 그로테스크하다. 목이 잘린 후에도 잠깐 동안 사람
은 살아있다……. 실제로 참수를 목격한 화가들은 그렇게 느
꼈는지도 모르겠다.✤

목 없는 앤의 유령

목 없는 유령이라고 하면 앤 불린Anne Boleyn을 떠올리는 사람이 많을 것이다. 앤 불린은 16세기 초반 잉글랜드 왕국을 다스린 폭군 헨리 8세의 두 번째 왕비이자 엘리자베스 1세 여왕의 어머니다. 그녀는 사내아이를 낳지 못했다는 이유로 왕의 노여움을 사서 근친상간, 주술 같은 당대에조차 믿지 않았을 법한 날조 죄목으로 런던탑에서 참수되었다. 그 원통함이 어찌나 사무쳤는지 처형이 집행되고 얼마 지나지도 않아 앤의 유령이 출현하기 시작했다. 그녀가 나고 자란 히버성Hever Castle에서는 목을 안고 걸어가는 모습이, 런던탑에서는 무릎에 목을 얹은 채 마차를 타고 성문으로 향하는 모습이 목격되었다. 특히 런던탑에서는 유령을 목격했다는 경비병의 증언이 끊이지 않아서 반쯤 사실로 받아들여질 정도다. 심지어 20세기에도 앤의 유령은 건재했다. 담당 구역을 이탈하여 군사재판에 회부된 경비병이 '목 없는 앤이 나타나는 바람에 무서워서 도망쳤다'는 변명으로 무죄를 선고받은 것이다.

정말이지 유령을 좋아하는 영국스러운 이야기다. ✤

목 없는 기병

한편 미국의 슬리피 할로우Sleepy Hollow라는 작은 마을에는
목 없는 기병이 출몰한다는 전설이 있다. 워싱턴 어빙이 소
설로 각색했고 할리우드에서도 영화화되어 세계적으로 알려
졌다. 전설의 주인공은 미국 독립전쟁 당시 영국군이 고용한
독일 헤센 대공국 용병의 유령이다. 사치를 좋아하여 늘 금
전 문제에 시달리던 헤센 대공은 거액을 받고 자국 병사를
영국에 빌려주었다. 게다가 전사자 한 명당 30기니를 받는
계약이었다. 어느 날 모종의 잔악한 행위를 저질렀다는 이유
로 목이 잘려 죽은 용병이 말을 탄 유령으로 슬리피 할로우
의 숲에 출몰하기 시작했다. 물론 유령의 머리는 잘리고 없
다. 기병은 한 손으로 고삐를 잡고 다른 손으로는 자기 목을
들고서 달린다고 한다. 불행히도 그를 마주친 사람에게 달아
날 방도는 없다. 유령은 목을 공처럼 집어 던져서 목격자를
죽인다. 참으로 기묘한 소행이다. 괜히 미식축구의 발상지가
아니다.✽

일본의 목 없는 유령

　의외로 일본에도 목 없는 유령 이야기가 번듯하게 있다. 심지어 한 명이 아니다. 1583년 음력 4월 24일, 시즈가타케전투에서 도요토미 히데요시에게 패배한 무장 시바타 가쓰이에는 자신의 거성인 기타노쇼성에 불을 질러서 정실 오이치노가타와 함께 자결했다. 후에 도요토미 히데요시의 양아들 유키 히데야스가 성터에 후쿠이성을 축조했다. 목 없는 유령의 목격자가 나타난 것은 그즈음부터다. 4월 24일 축시 반각(새벽 2시부터 30분 간)이 되면 성 남쪽을 흐르는 아스와강에 수백 마리의 기마가 나타나 쓰쿠모다리 위를 시즈가타케 방향으로 고요히 건너간다. 무사 전원이 목이 없는 것도 끔찍한데 말까지 모두 목이 없다!

　다리는 이승과 저승을 잇는 영적인 장소이며 축시는 기묘한 일이 일어나는 시각이다. 우연히 행군을 목격한 자에게는 재액이 닥쳐서 곧 피를 토하며 죽는다고 한다. 한 화가는 충동에 못 이겨 이 무시무시한 광경을 그림으로 그리지만 완성하자마자 절명했고, 그림을 손에 넣은 사람까지 죽고 말았다. 결국 그림을 불태웠지만 불길이 주위로 번지면서 또 다른 목숨을 앗아갔다. 현재 쓰쿠모다리는 철근콘크리트로 정비되었고 유령의 단체 행동은 기억 저편으로 사라져가고 있다. 이것은 근대화의 축복일까.✿

153

기요틴형의 역사

근대화하면 기요틴Guillotine을 빼놓을 수 없다. 참수형에 검이나 도끼를 이용하던 시대에는 잦은 실수로 죄수의 고통이 부질없이 지연되곤 했다. 이를 개선하는 방법으로 기계장치가 도입되자 목 없는 유령이 급격히 줄었다. 기계장치는 프랑스 혁명 직후인 1792년에 정식 처형 도구로 사용하기 시작했고, 법률을 고안한 조제프이냐스 기요탱Joseph-Ignace Guillotin의 이름을 따서 기요틴이라고 부르게 되었다(본인은 싫어했다지만). 프랑스는 실로 오래 기요틴을 사용했다. 오드리 헵번 주연의 영화 〈샤레이드〉(1963)에는 파리 경찰이 미국인 용의자들에게 경고하는 장면이 나온다.

"프랑스에서는 사형에 기요틴을 쓰는데, 칼이 떨어지면 목 뒤가 따끔하고 만다더군. 부디 그런 일이 없길 바라겠소."

기요틴형은 1977년 마지막으로 집행되었으나 법적으로는 무려 1981년까지 존재했다. 〈샤레이드〉에 등장하는 경찰의 대사에는 영화를 제작한 미국인의 심경이 그대로 반영되었는지도 모른다. 역사와 문화면에서 동경의 대상인 프랑스에 아직도 이렇게 잔인한 형벌이 존재한다니……라는 심경 말이다.✽

제20화 파우스트 전설

 희곡 〈파우스트〉

파우스트라는 이름은 희곡 〈파우스트〉를 통해 세계적으로 유명해졌다. 괴테 필생의 역작이라 불리는 이 작품은 여러 차례 각색되었는데, 특히 샤를 구노가 작곡한 동명의 오페라는 기록적인 상연 횟수를 자랑한다.

주인공 하인리히 파우스트는 노쇠한 학자로, 지식은 풍부히 쌓았지만 경험은 턱없이 부족했던 지난 삶을 후회하며 악마 메피스토펠레스('빛을 증오하는 자'라는 뜻)와 계약을 맺는다. 메피스토펠레스의 힘을 빌려 젊음을 되찾고 세상의 온갖 경험을 누리는 대신 "멈추어라, 너는 정말 아름답구나!"라고

〈파우스트와 메피스토펠레스 Faust and Mephistopheles〉
외젠 들라크루아 Eugène Delacroix, 1827~28

외치는 순간 영혼이 지옥으로 이끌려가는 계약이다. 파우스트는 100년을 더 살면서 선악 구분 없이 다양한 경험을 했고, 마지막으로 자기 자신보다 다른 사람을 위하는 마음으로 이상향 건설에 힘을 쏟는다. 그리고 완성을 눈앞에 둔 더없이 행복한 순간, 약속한 금구禁句를 토하고 쓰러진다. 하지만 신의 용서를 받은 그의 영혼은 하늘로 오른다…….

괴테가 그린 파우스트는 독일 정신의 이상향으로 평가된다. 하지만 이야기의 근간은 괴테의 창작이 아니다. 파우스트 박사는 실재했다. ❄

 ### '천재' 파우스트 박사

실존 인물 요한 게오르크 파우스트Johann Georg Faust는 1480년경 독일 남서부의 작은 마을에서 태어났다. 신동으로 불렸던 그는 당시 초등학교에 해당하는 라틴어 학교를 졸업하고 수도원을 거쳐 하이델베르크 대학교에 진학했다. 도중에 폴란드의 크라쿠프 대학교에도 재적했는데, 유럽에서 유일하게 마법학 강의가 열리는 학교였기 때문이다. 그 후 하이델베르크 대학교로 돌아와서 우수한 성적으로 신학박사 칭호를 받았다. 박사가 된 파우스트는 에르푸르트 대학교에서 그리스어 등을 가르쳤지만 얼마 안 가 쫓겨나고 말았다. 학생들의

평판이 나빠서가 아니었다. 오히려 평판이 너무 좋았다. 왜냐하면 그는 점성술이나 관상 예언, 질병 치료, 연금술 실험은 물론 사자死者 소환까지 신비로운 요술을 학생들에게 자주 보여주었기 때문이다. 한번은 학생의 요구에 응하여 그리스 신화에 등장하는 영웅과 괴물, 또 트로이 전쟁의 직접적 원인인 아름다운 여인 헬레네 등을 눈앞에 출현시켜 놀라움을 주었는데, 학교 측에서는 이를 기독교에 대한 모독으로 판단하여 파우스트에게 추방 처분을 내린 것이다. 학교에서 쫓겨난 후 파우스트는 같은 방식으로 마법을 부리며 도처를 전전했다. 현대에도 점쟁이는 세계적으로 활약하고 있지만 당시는 연금술사나 마법사, 점성술사의 수요가 훨씬 더 높았으니 파우스트도 꽤 호사스러운 삶을 살았던 모양이다.

종교개혁가 마르틴 루터의 연설을 정리한 《탁상담화》에는 루터가 비텐베르크 대학교 회식에서 담화를 나누다가 파우스트를 언급한 기록이 있다. 둘은 대귀족의 초대로 만난 적이 있는데, 파우스트는 사냥 중에 말이 덜컥 쓰러지는 박진감 넘치는 장면을 연출하여 모두를 놀랬다. 루터는 이를 악마가 선보인 환영이라고 표현했다고 한다. 파우스트가 보인 '환영'은 아마도 환등기와 유사한 무언가를 이용하여 비춘 상으로 추정된다. 초기 영화가 19세기에 선사한 충격을 떠올리면 16세기 사람이 그의 환등을 보고 기겁하며 파우스트의 일을 악마와 결부한 것도 무리는 아니다.

파우스트의 죽음 또한 악마와 관계 맺은 증거로 여겨졌다. 1536년 전후 50세를 지났을 시점, 납을 금으로 바꿔 달라는 한 남작의 의뢰로 연금술 실험을 하던 중 폭발이 일어났다. 그의 육체는 사방으로 흩어져서 흔적도 없이 사라졌다. 육체가 소멸했다는 것은 곧 부활할 수 없다는 뜻이었다. 파우스트와 계약한 악마가 그를 지옥으로 데려갔다는 소문이 여기저기서 들려왔다. 그리고 그의 저작이나 그에 대한 동시대인의 기록 대부분을 불태워버리는 바람에 한 천재의 삶에 대한 기록은 극히 찾기 어려워졌다.※

 민중을 매료한 파우스트 전설

파우스트 박사에 관한 일화는 어디까지가 사실이고 어디부터가 전설인지 지금까지도 확실치 않다. 게오르크 파우스트라는 사람은 틀림없이 실재했지만 요하네스 파우스트라는 사람도 실존했다고 한다. 아예 게오르크와 요하네스가 동일 인물이라고 주장하는 사람도 있다. 한 가지 명확한 사실은 파우스트 전설에 매료된 민중이 점차 일화를 부풀려갔다는 것이다(파우스트는 우주여행까지 한 인물로 그려졌다). 귀족도 승려도 아닌데 어려운 책을 읽고 기이한 재주로 보는 이를 현혹하면서 풍요로운 삶을 누린 파우스트 같은 인물은, 격렬한 육체노동에 평생을 바치는 민중에게는 부러움과 얄미움을 동

시에 불러일으키다가 결국에는 지옥에나 떨어지라며 저주를 퍼붓는 대상이기도 하다.

과연 파우스트는 희대의 사기꾼이었을까, 아니면 평범한 환등기를 획기적으로 개량할 수 있을 정도로 엄청난 천재였을까?

제21화 디아틀로프 사건

 냉전기 소련에서 일어난 미제 사건

대규모 전쟁이 한창이던 20세기 초반, 러시아에서는 전제 정치 타도를 외치는 시위가 반복적으로 일어났다. 훗날 이 전쟁은 '제1차 세계대전', 시위는 '러시아 혁명'이라고 불린다. 혁명은 오랫동안 군림해온 로마노프 왕조를 무너뜨리고 1917년 세계 최초의 공산주의 국가를 수립하는 계기가 되었다. 국호는 러시아 제국에서 소비에트 사회주의 공화국 연방(소련)으로 바뀌었다. 소련 체제는 베를린 장벽 붕괴 후인 1991년까지 존속했다. 그 사이에 자본주의 국가와 공산주의 국가의 냉전이 있었고, 본디 비밀주의 기색이 짙은 소련은

철의 장막 너머에 모습을 꼭꼭 숨기고 타국의 눈을 피했다. 장막은 70년 이상 걷히지 않았다. 이러한 사회적 배경은 러시아 미술의 소외에도 큰 영향을 미쳤으며, 소련 시대에 일어난 수많은 사건 또한 러시아 연방으로 전환되기까지 대개 소문으로만 들려왔다. 기담이라는 말에 잘 어울리는 디아틀로프 사건도 그중 하나다. 오늘날까지도 수수께끼로 남아있는 사건이다.

1959년 1월.

일본에서는 미터법이 발효되었고 남극에 낙오된 탐사견 타로와 지로가 1년 만에 극적으로 구조되었다. 프랑스에서는 샤를 드골이 대통령으로 선출되었고 미국에서는 알래스카가 49번째 주로 연방에 편입되었다.

그리고 소련에서는 우랄과학기술학교(현 우랄공과대학)의 엘리트 학생들을 중심으로 조직된 10명의 탐사대가 한겨울의 우랄산맥을 스키로 등반하는 약 2주간의 일정을 시작했다. 탐사대원은 대장인 4학년 이고르 알렉세예비치 디아틀로프(사건의 명칭이 그의 이름에서 유래했다는 사실을 알 수 있다)와 남녀 각각 7명과 2명으로 구성된 9명의 청년으로, 모두 20대 초반이었지만 남자 한 명은 30대 후반의 퇴역군인이었다. 등반 지도자로서 동행한 것으로 보인다. 대원들이 남긴 일지, 여럿이 촬영한 사진, 경유지에서 지역 주민과 교류한 사실 등은 정확히 밝혀져 있다. 이에 따르면 출발 10일째인 2월

162

1일이 홀라트 샤흘Kholat Syakhl, 원주민 만시족의 언어로 '죽음의 산'에 오르는 날이었다(어쩌나 불길하고 예언적인 이름인지). 등반 직전 남학생 한 명이 건강상의 이유로 이탈하여 인원은 9명으로 줄어 있었다. 탐사대는 신중을 기해 능선에 야영지를 설치하고 하루 머무르기로 했다. 그날 밤 무시무시한 일이 일어났다.✻

 ## 처참한 모습으로 발견된 사체

 탐사대와 연락이 끊기자 2월 하순 수색대가 동원되었다. 이들은 험난한 조건 아래 가장 먼저 눈에 파묻힌 아무도 없는 텐트를 발견했다. 안에는 스키부츠가 죽 늘어서 있고 식료품과 배낭 같은 소지품은 깔끔하게 정돈되어 있었지만 텐트는 안쪽에서부터 찢긴 상태였다. 머지않아 수백 미터 아래에 있는 히말라야 삼나무 근처에서 시체 두 구가 발견되었다. 함께 나무에서 떨어진 듯한 상처와 화상 흔적이 있었고 입에는 거품이 물려있었으며 옷과 신발은 없었다. 영하 30도까지도 내려가는 겨울 산에서는 결코 목숨을 부지하지 못할 옷차림이었다. 사인은 저체온사로 보였다. 이어서 나무와 텐트의 중간 지점에서 눈 덮인 사체 세 구가 발견되었다. 그중 하나인 탐사대장 디아틀로프는 다른 대원의 옷을 입고 있었지만 모자와 장갑은 없었고 신발도 신지 않았다. 몸에는 격

163

디아틀로프 사건의 희생자를 기리기 위한 묘비

투를 벌인 듯한 흔적이 있었다. 다른 남성에게도 격투의 흔적이 있었고 두개골은 골절되어 있었다. 양말은 여러 겹 신었지만 신발은 신지 않았다. 여학생은 스키재킷과 바지를 제대로 갖춰 입었지만 역시 신발은 없었고 손에서는 다수의 타박상이, 몸통 오른쪽 부분에서는 긴 좌상이 발견되었다. 세 사람 모두 사인은 저체온사로 추정되었다.

　나머지 넷은 좀처럼 발견되지 않았으나, 여러 번에 걸친 수색 끝에 5월 초순 히말라야 삼나무에서 한참 떨어진 작은 협

곡(텐트에서 1.5킬로미터 거리)에서 겨우 찾아냈다. 상태는 처참 그 자체였다. 앞서 발견한 네 명이 극히 평범한 죽음으로 보일 정도였다. 다섯 명 모두 신발은 모두 신지 않았고 옷은 얇았다. 속옷 바람인 대원도 있었다. 뼈에는 현저한 손상이 있었는데, 낙하로 인한 것이라기에는 지나치게 폭력적인 외상이었다. 부검의는 차에 치인 듯한 상처라고 형용했다. 가장 먼저 발견한 남성 사체는 물에 잠겨서 부패가 상당히 진행된 터라 정확한 사인을 파악할 수 없었다. 두개골이 노출될 정도로 부패하여 얼굴조차 분간이 어려웠다.

또 다른 남자 둘은 갈비뼈가 몇 개나 부러졌고 머리에는 극심한 손상이 있었다. 한 사람의 옷에서는 방사성 물질이 검출되었다. 여자는 갈비뼈가 9개나 부러지고 심장에서 출혈이 다량 발생하였으며 입에서는 혀만 통째로 사라진 참혹한 모습이었다. 옷에서는 마찬가지로 방사성 물질이 높게 검출되었다. ✳

 왜 그들은 텐트를 떠났을까?

우랄과학기술학교 학생 여섯 명과 같은 학교 졸업생 두 명, 임시로 합류한 퇴역군인 한 명으로 이루어진 9명의 탐사대는 한겨울에 '죽음의 산' 경사면의 눈을 파내고 커다란 텐트를 친 다음 저녁 식사 6~7시간 후 신발을 벗고 잠이 들었다

(또는 자려던 참이었다). 그런데 한밤중에 무슨 이유에서인지 전원 그대로 캠프에서 뛰쳐나왔다. 설산 등반 경험이 풍부했던 그들이 혹한의 산으로 신발도 신지 않고 나가면 어떻게 되는지 몰랐을 리 없다. 게다가 깜깜한 밤이었다. 주변이 온통 새하얀 눈으로 뒤덮여 있어도, 또 몇 사람이 손에 쥐고 있던 성냥이나 손전등의 빛이 있다 해도 원래 장소에 돌아갈 확률은 극히 낮다. 텐트를 떠나는 행위는 곧 죽음을 의미한다. 그럼에도 불구하고 한 명도 남김없이 무턱대고 텐트를 나가려 했다. 칼로 천을 찢어가면서까지 몹시 허둥대며 앞다투어 그 장소를 떠나려 했다. 엄격한 통제하에 이성적인 판단을 계속해온 전문가의 행동이라기에는 너무나도 이상하고 미심쩍다. 대체 무엇이 이토록 과격하고 무모한 행동을 야기했단 말인가?

이것이 디아틀로프 사건 최대의 수수께끼다.

도저히 이해할 수 없는 그들의 행동에 비하면 죽음의 양상 자체에는 이해하기 쉬운 부분이 많다. 이를테면 아무도 신발을 신지 않은 이유는 단순히 그럴 여유가 없었기 때문일 것이다. 옷을 벗어 던진 것도 마찬가지다. 실제 설산에서 일어난 조난 사건을 바탕으로 제작한 영화 〈핫코다산八甲田山〉에서 묘사했듯, 사람은 극도의 저체온 상태가 되면 오히려 덥다고 느낀다. 체외 온도가 너무 낮아서 체내에 흐르는 혈액이 뜨겁게 느껴지기 때문이다. 나무에서 떨어진 상처와 화상 자국

은 몸을 녹이려고 나뭇가지를 부러뜨리다가 떨어졌을 때, 그리고 성냥으로 나뭇가지를 태우다가 불이 붙었을 때 생겼다고 추측된다. 다른 대원의 옷을 입고 있던 이유는 죽은 동료의 옷을 벗겨 입었기 때문일 것이다. 격투의 흔적이 있던 두 사람은 텐트 가장 가까이에 쓰러져 있었다. 마지막으로 도망쳤다는 뜻이니, 초조한 마음에 서로 뒤엉켜 넘어지고 뒹굴면서 달려 나갔다고 하면 말이 된다. 멀리까지 도망친 사람들이 타박상이나 골절을 입은 이유는 비탈을 내려갈 때 그루터기 혹은 눈에 파묻힌 바위에 걸려 넘어졌기 때문이고, 평상시라면 작은 상처만 내고 그쳤을 벼랑도 어두컴컴한 밤이라 미처 눈치채지 못하고 머리부터 떨어졌다고 생각하면 그럴 법하다. 모두 설산의 밤에 도사리는 위험이며, 덤으로 그곳을 달린 사람들은 평정심을 완전히 잃은 상태였다. 하지만 의심스러운 구석은 여전히 남아 있다. 부검의는 사체의 골절 상태가 언덕에서 떨어진 것과는 명백히 다르다고 서술했다. 사라진 혀는 작은 동물에게 먹혔다는 주장도 있지만, 그렇다면 바로 근처에 있던 다른 세 사람은 왜 무사했을까.

옷에서 방사성 물질이 검출된 이유는 2년 전 우랄산맥에서 발생한 원자력 사고 당시 방사선에 오염된 옷이 헌옷 가게를 거쳐 대원의 손에 들어갔기 때문일 수도 있다(물자가 적은 가난한 시대였다). 하지만 줄곧 합숙한 동료들이 피폭되지 않은 이유는 무엇인가. 우연일지도 모르지만 한 학생은 핵물리학

을 전공했고 원자력 관련 연구실에서 일한 적도 있다. 하지
만 그의 옷에서는 방사성 물질이 발견되지 않았다. 퇴역군인
도 어딘가 수상쩍다. 다른 대원보다 띠동갑 이상 나이가 많
은 데다 이름도 가명을 사용했다. 광산 회사에 일하다가 군
사공학을 공부했다는 말도 있다. 등반 중 자주 사진을 찍었
지만 소지하고 있던 다른 카메라 한 대는 감춰두었다. 그는
옷에서 방사성 물질이 검출된 사람이기도 하다(다른 한 명은 근
처에서 발견된 여학생이다). 학생들과는 초면이었던 그가 어떤 경
위로 탐사대의 일원이 되었는지 실은 제대로 밝혀지지 않았
다. 방사성 물질과 이 남자를 연관 지은 비밀공작원설이 제
기된 이유다.✲

 ## 수수께끼에 대한 다양한 해석

　소련이 붕괴하고 러시아 여행이 자유로워지면서 세계의 수
수께끼 마니아들이 디아틀로프 사건에 도전장을 내밀기 시
작했다. 수많은 논픽션, 소설, TV 다큐멘터리와 영화가 탄생
했고 다양한 해석이 발표되었다. 어떤 주장이든 장단점이 있
고 결정적이라고 할 만한 것은 아직 없다.✲

무엇이 그들을 텐트 밖으로 내몰았나?

I 산사태설
흔하지만 가장 합리적이라고 여겨진다. 하지만 홀라트 샤흘의
경사는 겨우 16도 정도이며 산사태가 일어나기에는 완만한 편
이다. 게다가 눈 위에는 학생들의 발자국이 일부 남아 있었다.

II 만시족 내지 야수 습격설
발자국이 전혀 발견되지 않았다.

III 맹렬한 회오리바람설
대원들이 텐트 밖으로 나왔을 때 작은 회오리가 일행을 덮쳤
다면 격심한 골절을 입을 수 있다. 하지만 한데 모여서 쓰러져
있던 이유는 불분명하다.

IV UFO설
수개월 전부터 주변 상공에 정체불명의 화구가 날아다녔다는
목격 증언이 다수 있다. 만약 UFO가 텐트 근처에 착륙했고 외
계인이 내렸다면 아무리 대담한 사람이라도 공황 상태에 빠져
서 달아날 것이다(사고 당시는 SF 황금기이기도 했다). 하지
만 공교롭게도 물적 증거는 없다.

Ⅴ 소련군의 음모설 ①

화구는 UFO가 아니라 소련군에서 개발 중인 신무기이며, 소련군은 군사기밀이 누설되었다는 이유로 탐사대 전원을 말살했다.

Ⅵ 소련군의 음모설 ②

소련군이 주도한 인체 실험에 희생되었다.

Ⅶ 소련군의 음모설 ③

동행한 퇴역군인이 산에서 비밀리에 접촉한 스파이와 모종의 이유로 다투었고 학생들은 싸움에 말려들었다.

@ 만일 소련군이 정말 사건에 관여했다면 증거는 영원히 나오지 않을 것이다.

기담은 구전된다

그리고 2013년, 새로운 걸작 논픽션이 등장했다. 미국의 영상작가 도니 아이커Donnie Eichar의 저서 《죽은 산Dead Mountain》이다. 아이커는 현장으로 향하지 않고 자택에 앉아서 사건을 해결하는 '안락의자 탐정'은 아니었다. 러시아에 몇 번이나 찾아가 75세의 노인이 된 유일한 생존자를 만나서 귀한 증언을 얻었고, 놀랍게도 디아틀로프 일행의 경로를 더듬어 홀라트 샤흘을 등반했다. 이 책에서 가장 매력적인 부분은 물론 사건의 실마리를 푸는 대목이지만, 저자는 이제까지 아마추어 탐정들이 거의 주목하지 않았던 소련 시대 청년들의 삶을 그에 견줄 만큼 흥미롭게 담아냈다. 철의 장막 너머에도 변함없이 존재했던 생의 모습이다.

탐사대는 학교가 위치한 예카테린부르크(당시 명칭은 혁명가의 이름을 딴 스베르들롭스크)에서 철도와 버스와 트럭을 이어 타고 산으로 향했다. 차박은 물론이요 공사 현장의 노동자 숙소에서 하룻밤을 청하거나 빈집을 찾아서 묵는 등 꽤 허리띠를 졸라맨 여정이었다. 그런데도 이들은 나이에 걸맞은 혈기왕성함을 마음껏 뽐냈다. 악기를 연주하고 노래를 부르고 그림을 그리고 일기를 쓰고 사진을 찍고 라디오를 조립했다. 연애 기류도 흘렀다. 도중에 들른 마을 학교에서는 즉흥으로 교사 역할까지 떠맡았다. 여학생 하나는 아이들과 특히 가까

171

워져서 헤어질 즈음엔 모두가 울면서 붙잡기도 했다. 엘리트 청년도 시골 어린이도 어떤 의미에서 꽤 순박했던 시대였다(아이커는 이 학교도 방문했다). 산지에 도착하고부터는 도보와 스키로 산을 오르며 사흘 밤 텐트를 치고 함께 뒤섞여 잤다. 참극은 네 번째 밤에 일어났다.

아이커의 가설로는 사인에 해당하는 두개골 골절과 압박 골절을 모두 사고로 설명할 수 있다. 그들의 사인에는 미스터리가 없다. 참사의 원인은 텐트에서 나간 것이고 그들은 나갈 수밖에 없었으며 그 이유는 초저주파음Infrasound이라고 저자는 단언한다.

홀라트 샤흘은 해발 1,000미터를 약간 넘는 그다지 높지 않은 산이다. 경사도 완만하고 그릇을 엎어놓은 듯 좌우대칭 형태를 띤다. 하지만 얼핏 평온해 보이는 이 형태가 강풍을 만나면 드물게 칼만 와류(물체 양측에서 반대 방향으로 번갈아 발생하는 소용돌이)가 형성된다. 사건이 일어난 날 밤, 텐트를 사이에 두고 발생한 시계방향과 반시계방향의 공기 소용돌이가 초저주파음을 생성하여 일행을 덮쳤다. 사람이 초저주파음에 노출되면 귀로는 아무 소리도 들리지 않지만 생체는 음파에 공진하여 유리처럼 깨지기 쉬운 상태가 된다. 심장 박동이 비정상적으로 빨라지면서 고통을 유발하는 동시에 극심한 공포가 덮쳐 와서 착란상태에 이른다. 죽음의 산이라는 이름은 동물이 살지 않는 데에서 유래했는데, 어쩌면 때때로

발생하는 초저주파음이 그 원인일지도 모른다.

　아이커는 전문가가 가설을 긍정했다고 기록한다. 하지만 확인을 의뢰한 전문가는 한 사람뿐이고 검증을 마친 것도 아니다. 완벽하게 증명했다고 하기는 어렵지 않을까. 초저주파음이 심장에 끼치는 영향은 이론적으로는 잘 알려져 있다. 하지만 과연 9명을 동시에 착란에 이르게 하는 일이 가능한 것일까? 그만큼 강력한 초저주파음이 존재할지도 의문이며, 그렇다고 실험을 할 수도 없는 노릇이다. 결국 아이커의 주장에도 여전히 수수께끼는 남아 있고, 디아틀로프 사건은 미래에도 영원히 기담으로 구전될 듯한 예감이 든다. ✵

나카노 교코의 초대장

책의 교정이 끝난 직후에 절묘하게도 러시아에서 디아틀로프 사건에 관한 최신 정보가 도착했다. 유족의 요청에 따라 러시아 정부가 2년 전쯤부터 사건을 재조사하기 시작했다는 소식이다. 결론은 산사태였다. 피해자 9명의 사인은 산사태라고 정부는 단언했다. 수많은 연구자가 부정해온 가설이다. 아니나 다를까 유족이 결성한 민간단체의 변호사는 "산사태설에는 동의할 수 없다, 인위적인 원인이 있었던 것은 아닌가"라며 반대 의견을 표명했다고 러시아 타스통신은 전했다.

'20세기 최대의 미스터리'라고 불리는 구소련의 미제 사건은 러시아 정부의 공식 발표에도 불구하고 종결될 기미가 보이지 않는다. 반론의 여지가 없는 새로운 증거가 나오는 날까지 사건은 앞으로도 기담으로서 오래오래 전해질 것이다.

세상에는 과학이나 논리로 설명할 수 없는 기묘한 일이 때때로 일어난다. 이를 거짓이나 착각으로 일축하기보다, 오랫동안 입에서 입으로 전해온 이야기에는 무언가 그럴 수밖에 없는 이유가 있다고 믿는 마음이 삶을 풍요롭게 만드는 것 아닐까. 어렴풋한 진실의 조각이 묻혀 있는 느낌도 든다. 무엇보다 신비로운 사건에는 매력이 가득하다.

　각양각색의 기담을 부디 한껏 즐기시기를.

나카노 교코

나카노 교코의 서양기담

무섭고도 매혹적인 21가지 기묘한 이야기

초판 1쇄 펴낸 날 | 2022년 1월 28일

지은이 | 나카노 교코
옮긴이 | 황혜연
펴낸이 | 홍정우
펴낸곳 | 브레인스토어

책임편집 | 김다니엘
편집진행 | 차종문, 박혜림
디자인 | 이예슬
마케팅 | 장민영

주소 | (04035) 서울특별시 마포구 양화로7안길 31(서교동, 1층)
전화 | (02)3275-2915~7
팩스 | (02)3275-2918
이메일 | brainstore@chol.com
블로그 | https://blog.naver.com/brain_store
페이스북 | https://www.facebook.com/brainstorebooks
인스타그램 | https://instagram.com/brainstore_publishing

등록 | 2007년 11월 30일(제313-2007-000238호)

한국어출판권 © 브레인스토어, 2022
ISBN 979-11-88073-86-3 (03900)